思想政治教育创新策略研究

孟凡涛 著

中国纺织出版社有限公司

图书在版编目(CIP)数据

思想政治教育创新策略研究 / 孟凡涛著. -- 北京：中国纺织出版社有限公司，2023.9
ISBN 978-7-5229-1034-5

Ⅰ.①思… Ⅱ.①孟… Ⅲ.①思想政治教育—研究—中国 Ⅳ.①D64

中国国家版本馆CIP数据核字（2023）第174665号

责任编辑：王 慧　　责任校对：高 涵　　责任印制：储志伟

中国纺织出版社有限公司出版发行
地址：北京市朝阳区百子湾东里A407号楼　邮政编码：100124
销售电话：010—67004422　传真：010—87155801
http://www.c-textilep.com
中国纺织出版社天猫旗舰店
官方微博 http://weibo.com/2119887771
北京虎彩文化传播有限公司印刷　各地新华书店经销
2023年9月第1版第1次印刷
开本：787×1092　1/16　印张：10.25
字数：217千字　定价：98.00元

凡购本书，如有缺页、倒页、脱页，由本社图书营销中心调换

前言

随着社会的不断发展和进步，思想政治教育在塑造公民意识、价值观和道德观方面发挥着至关重要的作用。思想政治教育不仅是学生全面发展的重要组成部分，也是国家建设和社会进步的坚实基石。然而，面对当代社会的新挑战和新需求，传统的思想政治教育模式已经难以适应时代的发展，迫切需要创新思想政治教育的理念、方法和途径。

本研究旨在深入探讨思想政治教育创新的策略，明确其背景意义，总结现有的研究成果，提出相应的理论框架，并通过实践案例的分析，探讨创新的效果与影响。本研究旨在为教育界、学者和决策者提供有价值的参考，为推进我国思想政治教育的改革与发展贡献智慧和建议。

第一章为导论，主要介绍了研究背景与意义，以及研究综述。本章首先指出了思想政治教育在培养公民素质、维护国家长治久安方面的重要作用，明确了研究的目的和意义；其次对已有的研究成果进行概括与总结，为后续的研究工作提供了理论依据和参考。

第二章探讨了思想政治教育的理论基础，首先，明确了思想政治教育的概念和内涵，阐述了其涉及的核心要素和教育目标；其次，对思想政治教育的历史渊源和发展进行回顾与分析，为研究者深入理解其发展脉络提供了依据；最后，探讨了当代思想政治教育的理论体系，指出了在新时代背景下，思想政治教育需要面对的新情况、新问题和新挑战。

第三章聚焦思想政治教育的创新需求与挑战，从当代社会背景下的需求出发，剖析了思想政治教育所面临的诸多挑战与困境。本章还探讨了创新思想政治教育的重要性与意义，为后续章节的理论框架提供了深入的思考。

第四章构建了思想政治教育创新的理论框架，首先，明确了创新思想政治教育的基本原则，从理念层面提出了指导创新的重要原则；其次，探讨了创新思想政治教育的核心策略，为实践操作提供了具体方案；最后，阐述了创新思想政治教育的方法和途径，为教育实践者提供了可行性建议。

第五章通过实践案例分析，深入探讨了思想政治教育创新的实践过程与成果。案例包括基于现代科技的思想政治教育创新实践、思想政治教育课程的创新设计与实施，以及社会机构参与的思想政治教育创新案例等。通过案例分析，进一步验证了创新策略的有效性与实用性。

第六章从评价与改进的角度，对思想政治教育创新进行了全面评估。本章首先建立了思想政治教育创新评价的指标体系，从多个维度对创新进行评估；其次，探讨了思想政治教育创新评价方法与工具，为实践者提供了具体操作指南；最后，对思想政治教育创新的反思与改进深入探讨，为优化创新策略提供了参考。

第七章提出了思想政治教育创新的发展策略，主要从组织机制与管理体制、师资队伍建设、政策支持和社会资源调配等方面进行了论述，为未来的创新实践提供了指导。

第八章则从教育体制与机制创新、教学内容与方法创新、师资队伍与师生关系创新等角度，具体阐述了思想政治教育创新的实施策略，为全面推进思想政治教育创新提供了具体措施。

希望本研究能够为思想政治教育领域的研究和实践提供有益的参考和借鉴，促进思想政治教育创新在现代社会的全面推进。思想政治教育的创新是一个复杂而长期的过程，需要教育界、学者和政策制定者共同努力。只有不断探索新的理念、方法和途径，不断适应时代发展的需要，才能推动思想政治教育持续发展，为培养有社会责任感、家国情怀和创新精神的优秀公民做出贡献。

著者
2023 年 7 月

目录

第一章　导论 … 1
第一节　研究背景与意义 … 1
第二节　研究综述 … 2
第三节　研究方法和内容概述 … 6

第二章　思想政治教育的理论基础 … 9
第一节　思想政治教育的概念和内涵 … 9
第二节　思想政治教育的历史渊源和发展 … 14
第三节　当代思想政治教育的理论体系 … 19

第三章　思想政治教育的创新需求与挑战 … 29
第一节　当代社会背景下思想政治教育的创新需求 … 29
第二节　思想政治教育面临的挑战与困境 … 36
第三节　创新思想政治教育的重要性与意义 … 46

第四章　思想政治教育创新的理论框架 … 53
第一节　创新思想政治教育的基本原则 … 53
第二节　创新思想政治教育的核心策略 … 58
第三节　创新思想政治教育的方法和途径 … 66

第五章　思想政治教育创新的实践案例分析 … 77
第一节　基于现代科技的思想政治教育创新实践 … 77
第二节　思想政治教育课程的创新设计与实施 … 87

  第三节 社会机构参与的思想政治教育创新案例 ………………………… 91

第六章 思想政治教育创新的评价与改进 ……………………………………… 97
  第一节 思想政治教育创新评价的指标体系 ………………………………… 97
  第二节 思想政治教育创新评价方法与工具 ……………………………… 104
  第三节 思想政治教育创新的反思与改进 ………………………………… 112

第七章 思想政治教育创新的发展策略 …………………………………………… 119
  第一节 创新思想政治教育的组织机制与管理体制 ……………………… 119
  第二节 创新思想政治教育的师资队伍建设 ………………………………… 124
  第三节 创新思想政治教育的政策支持和社会资源调配 ………………… 130

第八章 思想政治教育创新的实施策略 …………………………………………… 135
  第一节 教育体制与机制创新 …………………………………………………… 135
  第二节 教学内容与方法创新 …………………………………………………… 141
  第三节 师资队伍与师生关系创新 ………………………………………………… 146

参考文献 …………………………………………………………………………………… 155

第一章 导论

第一节 研究背景与意义

一、研究背景

随着社会的不断进步和发展，思想政治教育在培养公民意识、塑造社会价值观和促进社会稳定等方面发挥着重要作用。在当代社会全球化、信息化和多元化等因素的影响下，思想政治教育面临着新的挑战和变革。全球范围内的政治经济变革、文化冲突和价值观多样性的出现，对思想政治教育提出了更高的要求。

首先，社会多元化和文化冲突给思想政治教育带来了挑战。在不同文化背景下，人们对政治观念、价值观和道德标准存在差异，这使传统的思想政治教育模式面临困境。如何在多元文化环境中开展有效的思想政治教育成为一个迫切的问题。

其次，全球化和信息技术的迅速发展使得信息传播更加便捷，人们接触的信息更加丰富多样。然而，信息过载和虚假信息泛滥的问题也给思想政治教育带来了挑战。如何在信息时代加强对思想政治教育内容的筛选、引导和管理，成为思想政治教育创新的重要问题。

最后，年青一代对传统的思想政治教育模式的接受度降低，他们更加注重个性发展和自主思考。传统的灌输式教育模式无法满足他们的需求，需要寻求创新的思想政治教育方式，激发他们的学习兴趣和思考能力。

二、研究意义

本研究的目的在于探讨思想政治教育的创新需求与挑战，并提出相应的理论框架和实践策略，以推动思想政治教育的发展和进步。具体而言，研究的意义体现在以下几个方面：

（一）促进思想政治教育理论的创新和完善

通过对思想政治教育的概念、内涵和发展历程进行深入研究，可以为思想政治教育理论的创新提供理论支持和指导，为思想政治教育的实践提供理论基础。

（二）探索适应多元文化背景的思想政治教育模式

在全球化和文化多样性的背景下，研究如何开展多元文化背景下的思想政治教育，有助于培养学生的跨文化理解和尊重，促进社会和谐稳定。

（三）强化信息时代下的思想政治教育内容引导

针对信息时代信息泛滥和虚假信息问题，研究如何通过创新思想政治教育的内容和方法，引导学生正确理解和评估信息，提高他们的思辨能力和判断力。

（四）提高思想政治教育的实践效果和影响力

通过研究创新的思想政治教育方法和途径，探索适应年青一代需求的教育模式，可以提高思想政治教育的实践效果，激发学生的学习兴趣和思考能力。

（五）为政府和教育机构制定政策和实施措施提供参考

研究成果可以为政府和教育机构制定政策和实施措施提供参考，促进思想政治教育的改革和发展。

本研究对于推动思想政治教育的创新和发展，培养具有高度社会责任感和全球视野的公民，具有重要的理论和实践意义。深入研究思想政治教育的创新需求与挑战，并提出相应的解决方案，有助于推动思想政治教育领域的进步和发展。

第二节　研究综述

在过去的几十年里，思想政治教育领域的研究得到了广泛的关注和探索。学者们从不同的角度和层面对思想政治教育进行了深入研究，形成了一系列重要的理论观点和实践经验。下面笔者将对几个重要的研究领域进行回顾。

一、思想政治教育的概念和内涵研究

过去的研究主要关注思想政治教育的概念界定和内涵解析。学者们从教育学、政治学、心理学等多个学科视角出发，探讨了思想政治教育的定义、目标和基本内容。他们强调思想政治教育应当培养公民的思想道德素质、培养公民的政治参与意识和能力，以及传承和发展社会主义核心价值观等。

（一）思想政治教育的定义研究

学者们对思想政治教育的定义存在一定的差异和多样性。从教育学的角度来看，思想政治教育被定义为培养公民的思想道德素质和政治素养的过程。它包括知识传授、价值观培养、思维能力培养等方面。从政治学的视角来看，思想政治教育被视为培养公民政治参与意识和能力的过程，使公民具备参与政治决策、表达观点和维护权益的能力。此外，心理学方面的研究者认为思想政治教育还应关注学生的心理健康和自我认同等方面。

（二）思想政治教育的目标研究

研究文献中提出了多个关于思想政治教育目标的观点。首先，思想政治教育的目标是培养公民的思想品德素质，使其树立正确的世界观、人生观和价值观，形成积极的人格特质。其次，思想政治教育的目标是培养公民的政治参与意识和能力，使其具备政治决策参与、民主参与和社会责任的能力。最后，还有学者强调思想政治教育的目标是传承和发展社会主义核心价值观，通过教育引导学生积极践行社会主义核心价值观。

（三）思想政治教育的基本内容研究

研究文献中对思想政治教育的基本内容进行了广泛探讨。其中，知识传授是思想政治教育的重要内容之一。学生需要掌握国家的基本政治制度、法律法规、党的方针政策等相关知识。此外，价值观培养也是思想政治教育的重要内容之一。学生应该通过教育引导，树立正确的世界观、人生观和价值观，包括民主、平等、自由、法治、爱国主义、社会主义核心价值观等。思维能力培养也是思想政治教育的关键内容之一。学生需要培养批判思维、创新思维和问题解决能力，以应对复杂的社会现实和政治挑战。

通过对思想政治教育概念和内涵相关文献的回顾和总结，我们看到学者们对思想政治教育的定义、目标和基本内容存在一定的差异和多样性。然而，他们的研究都强调了思想政治教育的重要性和必要性；进一步的研究可以深入探讨思想政治教育的实践方法、教学策略和评价方法，以及思想政治教育的发展策略和实施策略，以推动思想政治教育的创新和提高教育效果。此外，他们还研究了思想政治教育与其他学科和领域的关系，如教育心理学、社会学、传媒学等，以促进思想政治教育理论的深化和实践的拓展。通过持续的研究和实践探索，思想政治教育的理论体系和教育方法将不断得到完善，为培养具有良好思想政治素质的公民做出更加积极的贡献。

二、思想政治教育的理论体系研究

学者们还致力于构建完整的思想政治教育理论体系。他们从不同的学科和理论视角出发，包括社会主义核心价值观理论、德育理论、认知心理学等，探讨思想政治教育的基本原则、核心内容和方法。他们提出了思想政治教育的认知、情感和行为培养的综合模式，强调思想政治教育的个性化和终身化。

（一）社会主义核心价值观理论

社会主义核心价值观是中国特色社会主义价值体系的核心，对思想政治教育起指导作用。学者们通过对社会主义核心价值观的研究，探讨了其内涵、来源和意义，提出了将其融入思想政治教育的重要性。他们认为，通过教育引导学生认同社会主义核心价值观，培养他们的核心价值观念和道德观念，能够使其具备正确的思想意识和价值观念，进而积极参与社会实践，为社会进步做出贡献。

（二）德育理论

德育是思想政治教育的重要内容，关注学生品德和道德修养的培养。学者们在德育理论研究中，探讨了德育的目标、原则和方法。他们认为，德育应注重培养学生的道德情感、道德判断和道德行为，使其具备良好的品德品质和道德素养。此外，还提出了德育的社会化教育方法、道德培养的评价方法等，以指导德育实践的开展。

（三）认知心理学

认知心理学的研究为思想政治教育提供了重要的理论支持。学者们在这一领域的研究中，关注学生的认知过程、思维方式和学习策略。他们认为，思想政治教育应当注重培养学生的批判思维，使其具备分析问题、解决问题的能力。此外，他们还研究了思想政治教育的认知发展规律、认知风格与学习效果的关系等，以提供指导思想政治教育实践的方法和策略。

思想政治教育的理论体系研究涉及多个学科领域，如社会主义核心价值观理论、德育理论、认知心理学等。学者们通过对这些理论的研究，为思想政治教育提供了重要的理论支持和指导。他们通过研究思想政治教育的定义、目标和基本内容，明确了思想政治教育的核心要素和重要方向。同时，他们关注个性化教育和终身化教育的理念，提出了相应的方法和策略，以满足学生个体差异和不同阶段的需求。

三、思想政治教育的实践案例研究

在基于现代科技手段的思想政治教育实践方面，一些学校和机构利用互联网、移动应用和社交媒体等工具，为学生提供更加便捷和个性化的思想政治教育内容。通过在线学习平台和教育应用程序，学生可以随时随地获取相关的学习资源、课程内容和教学辅助材料。同时，通过网络互动和讨论平台，学生可以参与在线讨论、辩论和合作项目，扩展他们的思想交流范围和思辨提升能力。这样的实践案例促进了思想政治教育的个性化和自主学习，提高了学生的学习兴趣和参与度。

另外，社会机构参与的思想政治教育创新也成为一些实践案例的焦点。社会机构，如博物馆、图书馆、非政府组织等，通过举办展览、讲座、研讨会等活动，为学生提供了与思想政治教育相关的实际体验和资源。例如，一些博物馆开设了以政治历史为主题的展览，通过展示历史事件和政治文化，激发学生对思想政治的兴趣和思考。同时，一些非政府组织和社会团体组织了社会实践活动，让学生参与社区服务、公益项目等，培养他们的社会责任感和公民意识。这些实践案例拓宽了思想政治教育视野，使学生能够在实际情境中理解和应用所学知识，增强了他们的社会参与和实践能力。

通过对思想政治教育实践案例的研究，我们可以发现不同类型的学校和机构在思想政治教育中采取了创新的方法和策略，并且取得了一定的成效。这些实践案例为思想政治教育的发展提供了借鉴和启示，强调了实践教育、社会参与和个性化教育等的重要性。然而，仍有一些挑战需要面对，如资源不均衡、教师培训和评价体系不完善等。因此，进一步的研究和探索仍有必要进行，以推动思想政治教育实践的创新和提高。

四、思想政治教育评价研究

为了提高思想政治教育的质量和效果，一些研究关注思想政治教育的评价体系和方法。

他们设计了一系列评价指标和工具，从认知、情感、行为等多个方面评估学生的思想政治教育效果。这些研究不仅有助于监测和改进思想政治教育实践，还为决策者提供了重要的参考依据。

（一）评价指标体系的构建

学者们致力于构建科学的思想政治教育评价指标体系。这些指标涵盖认知、情感、行为等多个方面，旨在全面评估思想政治教育效果。其中，认知方面的指标包括知识掌握、理解能力等；情感方面的指标包括价值观态度、情感态度等；行为方面的指标包括政治参与、社会责任等。

（二）评价方法与工具的研究

学者们提出了多种思想政治教育评价的方法和工具。定量方法包括问卷调查、测验和观察等，通过量化数据进行分析和比较；定性方法包括访谈、焦点小组和案例分析等，旨在深入了解学生的思想政治教育经历和感受。此外，还有学者借鉴其他领域的评价工具，如心理学的量表和教育学的评估工具，以丰富思想政治教育的评价方法。

（三）考量评价效度与可信度

评价效度和可信度是思想政治教育评价研究的关键问题。学者们检验了不同评价方法和工具的效度和可信度，并提出了改进措施。例如，通过测试再测试法、内部一致性检验等方法来验证评价工具的可靠性和一致性。此外，还有学者关注评价工具的有效性，通过与其他指标或实际表现进行关联分析，以验证评价结果的有效性。

（四）应用于实践的思想政治教育评价

学者们致力于将思想政治教育评价研究应用于实际教育实践中。他们通过实施评价研究，为教育决策者提供评估思想政治教育质量和改进教育实践的重要参考依据。这些研究的结果有助于教育机构和学校进行评估和改进，以提高思想政治教育的效果和影响力。

思想政治教育评价的研究在建立科学的评价指标体系和方法、考量评价效度和可信度、应用于实践等方面取得了一定的进展。未来的研究可以进一步深入探索评价指标和方法的有效性和适用性，提高评价体系的完善度和可操作性，并加强评价结果与教育实践之间的联系，以不断提高思想政治教育的质量和效果。

总的来说，过去的研究虽然在思想政治教育领域取得了一些重要的成果，然而，仍然存在一些问题和挑战，如多元文化背景下的思想政治教育、信息时代的思想政治教育内容管理等。因此，进一步的研究需要关注这些问题，并提出相应的理论框架和实践策略，以推动思想政治教育的创新和发展。

第三节 研究方法和内容概述

一、研究方法

本研究将采用以下研究方法来收集和分析相关数据。

（一）文献综述

在进行研究之前，我们将进行广泛的文献综述。通过查阅学术期刊、专业书籍、会议论文以及相关政策文件和报告，我们将收集和整理与思想政治教育创新相关的文献资料。这些文献资料包括以往的研究成果、理论观点、实践经验和评估方法等。我们将仔细阅读和分析这些文献，以了解思想政治教育创新的理论基础、现有的创新案例以及存在的问题和挑战。

（二）调查问卷

我们将设计和实施调查问卷，以收集广大学生、教师和教育机构相关人员的意见和看法。调查问卷将涵盖思想政治教育创新的认知、需求和期望等内容。我们将向样本群体发送问卷，并邀请他们提供对思想政治教育创新的评价和建议。通过分析问卷数据，我们将了解不同群体对思想政治教育创新的态度和看法，以及他们对创新的期望和需求。

（三）访谈

为了深入了解思想政治教育创新的实际情况，我们将选择一定数量的教育专家、教师和学生进行面对面的深度访谈。访谈将通过半结构化的方式进行，以便在一定的主题框架内灵活探索被访者的观点、经验和建议。我们将向被访者提出关于思想政治教育创新的问题，如他们对创新的看法、参与过的创新实践、获得的经验教训等。通过访谈数据的分析，我们将获得对来自实际参与者的深入洞察，进一步丰富我们对思想政治教育创新的理解。

（四）实证研究

为了更具体地了解思想政治教育创新的效果和影响因素，我们将进行实证研究。这包括实地观察和实验设计两个方面。实地观察将使我们亲自参与到思想政治教育创新实践中，观察和记录创新活动的具体过程和结果。我们将关注教育现场的实际情况、参与者的反应和互动等。实验设计将帮助我们探索思想政治教育创新的因果关系和效果评估。我们将设计合适的实验组和对照组，并收集和分析相关数据，以评估创新措施的有效性和可行性。

通过以上研究方法的综合运用，我们将获得多样化和全面的数据来源，以支持对思想政治教育创新的深入研究和分析。这些方法将帮助我们获取不同层面、不同参与者的视角和经验，为思想政治教育的创新提供可靠的理论和实践依据。

二、研究内容概述

本研究将涵盖以下内容：

思想政治教育的概念和内涵：探讨思想政治教育的定义、目标和基本内容，深入理解思想政治教育的核心要素和意义。

思想政治教育的历史渊源和发展：追溯思想政治教育的历史渊源和发展脉络，了解其演变过程和影响因素。

当代思想政治教育的理论体系：研究当代思想政治教育的理论框架和重要观点，探索其理论体系的构建和发展趋势。

思想政治教育的创新需求与挑战：分析当代社会背景下思想政治教育面临的创新需求和挑战，提出相应的解决方案和策略。

思想政治教育创新的理论框架：提出思想政治教育创新的基本原则、核心策略和方法途径，为思想政治教育的创新提供理论支持。

思想政治教育创新的实践案例分析：通过分析基于现代科技的思想政治教育创新实践、思想政治教育课程的创新设计与实施、社会机构参与的思想政治教育创新案例等，总结成功经验和有效方法。

思想政治教育创新的评价与改进：研究思想政治教育创新的评价指标体系、方法与工具，反思思想政治教育创新的不足并提出改进措施。

思想政治教育创新的发展策略：探讨创新思想政治教育的组织机制与管理体制、师资队伍建设以及政策支持和社会资源调配等方面的发展策略。

思想政治教育创新的实施策略：研究教育体制与机制创新、教学内容与方法创新以及师资队伍与师生关系创新等实施策略，推动思想政治教育的创新与发展。

以上研究方法和内容将为我们全面了解思想政治教育的创新与发展提供重要支持。通过对研究背景与意义的探讨，我们将认识到思想政治教育创新的紧迫性和重要性。在研究综述中，我们将对相关文献进行梳理和总结，了解思想政治教育创新的研究现状和趋势。而研究方法的选择将确保我们能够收集全面而可靠的数据，以支持对思想政治教育创新的深入分析和评估。

第二章 思想政治教育的理论基础

第一节 思想政治教育的概念和内涵

一、思想政治教育的概念

思想政治教育是指通过系统的教育过程和教学活动，培养和发展学生的思想品德、政治素养和道德观念的教育。它旨在引导学生树立正确的世界观、人生观和价值观，培养他们具备正确的思想意识和道德观念，具备良好的政治素养和公民意识，以适应社会发展的需求，为个人的成长和社会的进步做出积极贡献。

思想政治教育涵盖多方面内容，包括政治理论、伦理道德、社会主义核心价值观、法治教育、公民教育等。它不仅关注学生的知识水平，更注重培养他们的思维能力、判断能力和解决问题的能力。思想政治教育的目标是培养具有正确价值取向和社会责任感的公民，使他们能够在社会中积极参与和贡献。

思想政治教育在教育体系中占有重要地位，发挥积极作用。它不仅是学生综合素质教育的重要组成部分，也是国家发展和社会稳定的基石。通过思想政治教育，学生可以更好地理解社会现象和历史进程，认识到个人与社会的关系，树立正确的世界观和人生观，培养良好的道德品质和行为习惯。

思想政治教育在不同教育阶段有不同的形式和方法。在学校教育中，它通过课堂教学、讲座、讨论、实践活动等途径进行。在社会教育中，它通过社团组织、志愿者活动、社会实践等形式展开。此外，家庭教育也是思想政治教育的重要组成部分，家长在日常生活中的言传身教对孩子的思想政治教育起着至关重要的作用。

思想政治教育是一项重要的教育任务，旨在培养学生正确的思想观念、道德品质和社会责任感。它在学校教育、社会教育和家庭教育中都占有重要地位，发挥积极作用，对于培养拥有良好思想品德和积极社会行为的公民具有重要意义。

二、思想政治教育的内涵

思想政治教育是一门关于培养人的思想道德品质和政治素养的教育学科。它旨在引导和教育人们拥有正确的思想观念、道德价值观和政治意识，培养公民的社会责任感、参与意识和创新能力。思想政治教育的内涵包括以下几个方面：

（一）思想教育

思想教育是思想政治教育的核心内容之一。它强调培养个体的正确思维方式和思考能力，促使其形成独立、客观、批判的思想观念。

1. 思想教育的重要性

思想教育在个人成长和社会发展中占有重要地位，发挥积极作用。它不仅关乎个体的思维方式和价值观念的形成，也关系到整个社会的和谐和进步。以下是思想教育的重要性：

（1）塑造正确的价值观

思想教育有助于引导个体树立正确的人生观、价值观和道德观念。通过教育，个体能够理性思考，形成积极向上、社会责任感强的价值观，为个人的行为和决策提供准则和指导。

（2）培养批判性思维

思想教育强调培养个体的批判性思维能力，使其能够理性地分析和评估信息，独立思考，形成自己的判断和见解。这种能力对于解决问题、做出正确决策和适应快速变化的社会具有重要意义。

（3）促进创新和进步

思想教育鼓励个体的创新思维和创造力的发展。通过培养个体的独立思考和创新能力，个体的潜能得以激发，促进社会的进步和发展。

（4）增强社会责任感

思想教育不仅关注个体的发展，还强调培养个体的社会责任感。通过教育，个体能够认识到自己作为社会成员的责任，关心他人，为社会做出积极贡献。

2. 思想教育的目标

思想教育的目标是培养个体的正确思维方式、价值观和道德品质。以下是思想教育的几个核心目标：

（1）培养积极向上的人生观

思想教育旨在引导个体树立积极向上的人生观，使其具备自信、自尊、自立、自强的品质。个体应该学会从积极的角度看待生活，树立正确的人生目标和追求。

（2）培养正确的价值观

思想教育的目标之一是培养个体形成正确的价值观念，包括道德观、社会观和文化观等。个体应该学会尊重他人、关心社会、珍视文化传统，并通过价值观的指导来判断和行动。

（3）培养批判性思维和创新能力

思想教育强调培养个体的批判性思维和创新能力。个体应该具备理性思考的能力，能够独立分析问题，评估信息，并提出新的观点和解决方案。

（4）培养道德品质和社会责任感

思想教育的目标是培养个体具备良好的道德品质和社会责任感。个体应该学会关心他人，遵循社会规范和法律法规，为社会做出贡献。

（二）道德教育

道德教育是思想政治教育的重要组成部分之一。它注重培养人的道德情感、道德判断和道德行为，使其具备正确的道德价值观和道德行为准则。

1. 道德教育的重要性

道德教育在个人成长和社会发展中占有重要地位，发挥积极作用。它不仅关乎个体的道德品质和道德行为的形成，也关系到整个社会的道德水准和社会和谐。以下是道德教育的重要性：

（1）培养正确的价值观

道德教育有助于引导个体树立正确的道德价值观，使其能够辨别善恶、是非，形成健康的道德准则和行为规范。

（2）培养社会责任感

道德教育强调培养个体的社会责任感和公民意识。通过教育，个体能够认识到自己作为社会成员的责任，关心他人，为社会做出积极贡献。

（3）培养公正和诚信意识

道德教育注重培养个体的公正和诚信意识。个体应该学会公正对待他人，诚实守信，遵守道德规范，以建立良好的人际关系和社会信任。

（4）促进社会和谐

道德教育对于社会的和谐发展具有重要意义。通过培养个体的道德品质和道德行为，和谐的人际关系和社会秩序得以建立，推动社会的进步和稳定。

2. 道德教育的目标

道德教育的目标是培养个体的道德情感、道德判断和道德行为。以下是道德教育的几个核心目标：

（1）培养道德情感

道德教育旨在培养个体对善恶、正义和公平的感知能力。个体应该具备同情心、善良心和责任心，关心他人，乐于助人。

（2）培养道德判断能力

道德教育强调培养个体的道德判断能力，使其能够理性地分析和评估道德问题，辨别是非、善恶，并做出正确的道德决策。

（3）培养道德行为准则

道德教育的目标之一是培养个体具备良好的道德行为准则。个体应该学会遵守社会规范和道德规范，具备诚实守信、尊重他人、公平正义等品质。

（4）培养社会责任感

道德教育旨在培养个体的社会责任感，使其能够关心社会问题，为社会做出贡献。个体应该意识到自己作为社会成员的责任，积极参与社会公益活动和志愿服务。

（三）政治教育

政治教育是思想政治教育的另一个重要组成部分。它旨在培养人们对政治制度、政治文化和政治参与的认识和理解，使其具备积极的政治参与意识和能力。

1. 政治教育的重要性

政治教育在个人成长和社会发展中占有重要地位，发挥积极作用。它不仅关乎个体对政治的认知和参与，也关系到整个社会的政治稳定和发展。以下是政治教育的重要性：

（1）培养政治意识

政治教育有助于培养个体对政治的认知和理解，使其具备政治意识。个体应该了解政治制度、政治文化和政治参与的重要性，认识到政治对个人和社会的影响。

（2）培养积极的政治参与意识和能力

政治教育旨在培养个体具备积极的政治参与意识和能力。个体应该了解自己的权利和义务，积极参与政治决策和公共事务，为社会的发展和进步做出贡献。

（3）促进政治稳定和社会发展

政治教育对于政治稳定和社会发展具有重要意义。通过教育，个体能够了解政治制度的运行机制，遵守法律法规，形成和谐的政治关系，推动社会的进步和稳定。

（4）培养公民素质和价值观

政治教育注重培养公民素质和价值观。个体应该学会公正对待他人，尊重多样性和包容性，维护社会的公平正义，遵守社会规范和法律法规。

2. 政治教育的目标

政治教育的目标是培养个体对政治制度、政治文化和政治参与的认识和理解。以下是政治教育的几个核心目标：

（1）培养政治意识

政治教育的目标之一是培养个体具备政治意识。个体应该了解政治的重要性，认识到政治对个人和社会的影响，关心公共事务和政治决策。

（2）培养政治参与能力

政治教育强调培养个体的政治参与能力。个体应该具备政治参与的知识和技能，能够积极参与政治决策和公共事务，表达自己的意见和诉求。

（3）培养政治判断能力

政治教育注重培养个体的政治判断能力。个体应该能够理性地分析和评估政治问题，辨别真伪、善恶，并做出正确的政治决策。

（4）培养公民素质和价值观

政治教育的目标之一是培养个体具备良好的公民素质和价值观。个体应该学会尊重他人、维护社会公共利益，具备公平正义、责任感和参与意识。

（四）人文教育

人文教育强调培养个体的人文素养和人文精神，包括关注人的全面发展、尊重人的尊严和人权，以及传承和弘扬优秀的人文传统。

1. 人文教育的重要性

人文教育在个人成长和社会发展中占有重要地位，发挥积极作用。它不仅关乎个体的人文素养和人文精神的培养，也关系到整个社会的文化传承和社会和谐。以下是人文教育的重要性：

（1）培养人的全面发展

人文教育注重培养个体的全面发展，包括智力、情感、体力和道德等多个方面。它强调培养个体的综合素质和能力，使其具备自主学习、创造思维和合作精神等能力。

（2）弘扬人的尊严和人权

人文教育倡导尊重人的尊严和人权，鼓励个体尊重他人，关注社会公平和正义。它强调培养个体的社会责任感和公民意识，使其成为具有良好品质和公民素养的社会成员。

（3）传承和弘扬优秀的人文传统

人文教育致力于传承和弘扬优秀的人文传统，包括文学、哲学、艺术、历史等领域的经典作品和思想。通过学习和理解人文传统，个体能够获得文化认同和精神满足，培养审美情操和思辨能力。

（4）促进社会和谐与文化多样性

人文教育对于社会的和谐和文化多样性的维护具有重要意义。通过培养个体的人文素养和人文精神，不同文化之间的交流与理解得以促进，增强社会凝聚力和文化包容性。

2. 人文教育的目标

人文教育的目标是培养个体的人文素养和人文精神，以促进人的全面发展和社会的和谐发展。以下是人文教育的几个核心目标：

（1）培养人格品质

人文教育注重培养个体的人格品质，包括诚实守信、宽容友爱、正直勇敢等。个体应该具备良好的道德素养和社会责任感，形成正确的价值观和行为准则。

（2）培养审美情操

人文教育强调培养个体的审美情操，使其能够欣赏和理解艺术作品、文学作品和自然景观等。个体应该培养对美的敏感性和鉴赏能力，提升个人的精神境界和审美素养。

（3）培养人文知识和技能

人文教育旨在培养个体的人文知识和技能。个体应该了解人文领域的经典作品、历史文化和人文思想，掌握相关的知识和技能，提升自己的综合素质和文化修养。

（4）培养人文精神和创新能力

人文教育注重培养个体的人文精神和创新能力。个体应该具备思辨能力、创新能力和创造力，能够在复杂多变的社会环境中提出新的观点和解决问题的方法。

第二节　思想政治教育的历史渊源和发展

一、思想政治教育的历史起源

在古代，思想政治教育的渊源可以追溯到儒家教育和希腊城邦的公民教育。这些教育体系都强调了个体的道德品质、公共责任和社会参与。

（一）儒家教育

儒家教育是中国古代思想政治教育的重要组成部分。儒家思想强调修身、齐家、治国、平天下，通过经典的学习和礼仪的培养，旨在培养具有高尚品德、尊重他人和具备社会责任感的君子和社会公民。儒家教育的核心价值观包括仁爱、礼仪、忠诚和孝道等。

1. 修身、齐家、治国、平天下

儒家教育的核心理念是修身、齐家、治国、平天下。它强调个体从内在修身做起，通过修养自己的品德和道德素质，实现自身的完善和成长。儒家教育强调个体对自己的要求，以成为道德高尚、品德充实的君子为目标。

2. 经典学习

儒家教育重视经典的学习和阅读，尤其是四书五经（《大学》《中庸》《论语》《孟子》以及《诗经》《尚书》《礼记》《易经》《春秋》）。通过学习这些经典著作，个体能够领悟儒家思想的核心价值观，并获得道德规范和行为准则。

3. 礼仪教育

儒家教育注重礼仪的培养，认为礼仪是社会秩序和谐的基石。通过学习和实践礼仪，个体能够了解社会规范和人际关系的原则，培养尊重他人、有礼貌、谦虚谨慎的品质，以及正确的行为举止。

4. 忠诚和孝道

儒家教育强调忠诚和孝道的重要性。个体应该对国家和社会保持忠诚，尽自己的责任和义务，为国家的繁荣和社会的和谐做出贡献。同时，个体也应该尊重父母和长辈，履行孝道，维系家庭和谐和社会稳定。

5. 教育的目的

儒家教育的最终目的是培养合格的君子和社会公民。君子具备高尚的品德和道德修养，能够以身作则、充当榜样，对社会产生积极影响。同时，君子也应具备良好的社会责任感和参与意识，能够为社会的进步和发展做出贡献。

6. 教育方法

儒家教育注重师道传承和榜样的力量。师德高尚、品德充实的教师被视为学生的楷模，他们通过言传身教的方式影响学生。同时,儒家教育强调以问答的方式进行教学,通过师生互动的形式引导学生思考和自主学习。

总的来说,儒家教育强调个体的品德养成、社会责任感和社会参与意识的培养,以及家庭和社会的和谐。它对中国社会和文化的发展产生了深远影响,成为中国古代社会秩序和价值体系的基础。

(二)古希腊城邦的公民教育

古希腊的城邦制度强调公民的参与和责任。公民教育旨在培养城邦公民具备政治参与意识、法律遵守能力和公共利益意识。通过教育,希腊城邦的年轻人被教导如何成为有能力参与政治和社会事务的合格公民。

1. 城邦制度

古希腊的政治组织是以城邦为基础的。城邦是一个独立的城市国家,拥有自己的政治制度、法律和社会组织。公民教育是城邦制度的核心,旨在培养具备政治参与能力的公民。

2. 公民权利和义务

公民教育强调公民的权利和义务。公民享有参与政治决策、选举和被选举的权利,同时也有义务遵守法律、履行社会责任、为城邦的繁荣和谐做出贡献。

3. 政治参与意识

公民教育注重培养公民的政治参与意识。年轻人通过教育了解政治制度、政治理念和政治活动的重要性,激发他们对政治事务的兴趣和参与热情。他们被教导如何表达自己的观点、参加公共讨论和发挥自己的政治影响力。

4. 法律遵守能力

公民教育强调公民的法律遵守能力。年轻人被教导尊重法律、遵守法律规定,从小培养遵守规则和维护法律秩序的意识。这种法律遵守能力是公民参与政治和社会事务的基础,也是城邦稳定和社会和谐的保障。

5. 公共利益意识

公民教育强调公民的公共利益意识。年轻人通过教育了解公共事务的重要性,意识到个人利益和集体利益之间的关系。他们被教导如何权衡个人利益和公共利益,以及如何为城邦的整体利益做出贡献。

6. 教育内容和方法

公民教育的内容主要包括政治知识、法律知识、公共事务和道德伦理等方面的学习。教育方法主要采用讨论、辩论和实践活动等形式,鼓励学生积极参与课堂讨论和社会实践,提高他们的思辨能力和实践能力。

希腊城邦的公民教育为古代思想政治教育奠定了重要基础。它强调公民的政治参与和社会责任,为后来的思想政治教育提供了借鉴和启示。这种教育模式的影响在当今社会依然存在,为培养具有良好公民意识和参与能力的公民提供了重要的参考和指导。

（三）古罗马教育

古罗马帝国时期的教育也注重思想政治教育。古罗马教育以培养公民的道德品质、军事能力和政治参与为目标。古罗马教育的重点是培养公民的忠诚、纪律、公平和领导能力，以维护罗马帝国的稳定和扩张。

1. 公民教育

古罗马教育注重培养公民的道德品质和社会责任感。公民教育的目的是培养公民的忠诚、纪律、公平和领导能力，以维护古罗马帝国的稳定和扩张。公民教育包括道德教育、法律教育和社会职责的培养。

2. 军事教育

古罗马帝国是军事强国，军事教育在古罗马教育中占据重要地位。古罗马的青年男子接受严格的军事训练，培养他们的战斗能力和战略思维。军事教育注重纪律、团队合作和勇气的培养，以确保古罗马帝国的军事实力。

3. 文化教育

古罗马教育也注重培养公民的文化修养。文化教育包括语言学习、文学阅读和艺术欣赏等方面。古罗马人被教导学习拉丁语和希腊语，熟悉古代文学作品和艺术作品，以提高他们的文化素养和审美能力。

4. 政治参与

古罗马教育强调公民的政治参与能力。公民被鼓励参与政治决策、参选和选举，并就公共事务发表自己的意见和建议。政治参与培养了公民的领导能力和社会责任感，使他们能够在古罗马社会中发挥积极作用。

5. 教育机构

古罗马教育依托于教育机构，包括家庭教育、学院和师徒制度。家庭教育是基础，父亲作为家庭的教育者，向子女传授道德和家族价值观。学院提供了更高等级的教育，学生在这里接受师父的指导和教育。师徒制度使学生能够通过亲身经历和实践学习知识和技能。

古罗马教育在罗马帝国的统治下发挥了重要作用，它为罗马社会的发展和稳定做出了贡献。古罗马教育强调公民的道德品质、军事能力和政治参与，这些价值观和理念在古罗马帝国的统治和文化传承中起到了重要的指导作用。

二、思想政治教育的发展过程

思想政治教育的现代发展经历了不同的阶段和转变，从早期意识形态的传播和灌输到强调自主性和批判性思维，再到关注全面发展和个性化培养。这些发展与社会变革、教育理念的演变以及人们对教育目标的多元需求密切相关。

（一）早期意识形态的传播和灌输

20世纪初到20世纪中叶，许多国家的思想政治教育主要以国家意识形态的传播和灌输为主导。这种教育模式下，政府通过教育系统向学生灌输特定的思想和价值观，以巩固国家的统一性和稳定性。

1. 政府主导的教育体系

这种模式下，政府在教育体系中扮演主导角色，决定并控制教育内容、教材选择以及教学方法。政府通过教育系统来传播国家的意识形态，确保学生接受符合国家意识形态的观念和价值观。

2. 统一的教材和课程

为了实现意识形态的传播和灌输，政府通常会制定统一的教材和课程标准，确保学生在教育过程中接受统一的思想和价值观。这些教材和课程旨在培养学生对国家意识形态的认同和忠诚。

3. 灌输特定的思想和价值观

政府通过教育系统向学生灌输特定的思想和价值观，以塑造他们的思维方式和行为准则。这些思想和价值观可能与国家意识形态、政治制度、社会秩序等相关。例如，在社会主义国家，政治教育强调共产主义思想和集体主义观念的传播。

4. 灌输公民责任感和忠诚度

早期意识形态传播和灌输的目的之一是培养公民的责任感和忠诚度。政府希望通过教育系统培养出具有国家意识形态忠诚度和社会责任感的公民，以维护国家统一和社会稳定。

尽管早期意识形态传播和灌输在一定程度上起到了统一社会思想和维护国家稳定的作用，但也面临一些挑战和争议。例如，一些人认为这种教育模式可能限制了学生的独立思考和多元观点的接纳，导致教育过程中缺乏批判性思维和创新能力。随着教育理念的演变和社会的进步，思想政治教育逐渐转向注重学生的自主性和批判性思维，以更好地适应多元化和开放性的社会环境。

（二）强调自主性和批判性思维

20 世纪 60—70 年代，思想政治教育发生了转变，开始注重培养学生的自主性和批判性思维。这一时期的教育理念强调对学生主动参与意识和独立思考能力的培养，旨在使他们成为积极参与社会和政治事务的公民。以下是强调自主性和批判性思维的几个重要方面：

1. 学生主体性的突出

在这一时期的思想政治教育中，学生被视为主体，被赋予更多自主权和参与权。教育的目标是培养学生的主动性、自主性和责任感，使他们能够独立思考、独立做出决策，并参与到社会和政治事务中。

2. 公民参与意识的培养

强调自主性和批判性思维的思想政治教育注重培养学生的公民参与意识。学生被鼓励参与社会事务，表达自己的观点，并为社会变革和公共利益做出贡献。他们被教导如何行使公民权利和履行公民义务。

3. 社会批判思维的培养

思想政治教育强调培养学生的批判性思维能力。学生被鼓励质疑和审视社会现象、政治制度和权力结构，并从不同的角度思考问题。他们被教导如何辨别信息的真实性和可靠性，如何形成独立的观点并做出理性判断。

4. 开放性和多元性的教育环境

为了促进自主性和批判性思维的培养，思想政治教育提倡构建开放性和多元性的教育环境。学生被暴露于不同的思想观点、文化背景和社会价值观之间，通过与多元化的观点互动和对话，培养他们的批判性思维和跨文化交流能力。

这一时期的思想政治教育强调学生的主体地位和自主性，鼓励他们成为积极参与社会和政治事务的公民。这种教育理念在许多国家和地区都得到了广泛应用，并对现代思想政治教育产生了深远影响。

（三）关注全面发展和个性化培养

21世纪以来，随着社会变革的加速和人们对教育的多元需求，思想政治教育逐渐关注学生的全面发展和个性化培养。现代社会要求人才不仅要具备基本的知识和技能，还要具备创新思维、跨文化交流能力和社会责任感。因此，现代思想政治教育注重培养学生的创造性思维、实践能力和社会责任感，使其能够适应复杂多变的社会环境。

1. 全面发展教育目标的实现

现代思想政治教育强调学生的全面发展，包括知识、技能、情感、态度和价值观的培养。教育不仅注重传授学科知识，还注重培养学生的创造性思维、批判性思维、沟通能力、合作精神等综合素养。

2. 个性化教育的实施

为了满足学生多样化的需求，现代思想政治教育注重个性化教育的实施。教育机构和教师根据学生的特长、兴趣、学习风格和发展需求，设计个性化的学习计划和教学活动，提供有针对性的指导和支持。

3. 创造性思维的培养

现代思想政治教育注重培养学生的创造性思维能力。学生被鼓励独立思考、解决问题、提出创新观点和方案，培养创新精神和创造力。教育环境提供创新和实践的机会，激发学生的创造潜能。

4. 社会责任感的培养

现代社会对个体的社会责任感提出了更高要求，思想政治教育致力于培养学生的社会责任感。学生被引导认识社会问题和挑战，关注公共利益，成为有社会意识和参与精神的公民。

5. 跨文化交流能力的培养

在全球化背景下，思想政治教育注重培养学生的跨文化交流能力。学生被鼓励尊重不同文化背景和价值观，培养跨文化沟通和合作的能力，促进国际理解与合作。

在现代社会中，思想政治教育的发展与社会变革和教育理念的演进密不可分。随着信息技术的快速发展和全球化的深入推进，思想政治教育面临新的挑战和机遇。未来的发展趋势包括更加注重跨文化交流和全球意识的培养、创新教育技术的应用以及教育资源的共享和开放。这些发展势头将为思想政治教育现代化提供更广阔的空间和更丰富的内容。

第三节　当代思想政治教育的理论体系

一、当代思想政治教育的主要理论观点

当代思想政治教育涌现出许多重要的理论观点，这些观点不仅对思想政治教育的实践产生了积极影响，也为我们深入理解和推进思想政治教育提供了有益的思路和方法。

（一）全面发展人的思想政治教育观点

全面发展人的思想政治教育观点认为，思想政治教育应当关注学生的全面发展，培养其思想、品德、智力、体魄、美感等多个方面的素养。这一观点强调人的综合素质的培养，认为思想政治教育不仅要传授知识，更要培养学生的人文关怀、社会责任感和创新能力。通过丰富的教育内容和多样化的教育活动，学生可以得到全面而深入的思想政治教育。

在实践中，全面发展人的思想政治教育观点要求教育者注重培养学生的自主学习能力和问题解决能力，通过引导学生思考和讨论，培养他们的批判性思维和创新性思维。此外，还需要重视学生的道德教育，培养他们正确的价值观和道德观念。通过多种形式的校内实践和社会实践，学生可以锻炼自己的实际运用能力和解决问题的能力，从而实现全面发展人的思想政治教育的目标。

（二）问题导向的思想政治教育观点

问题导向的思想政治教育观点认为，思想政治教育应当以问题的提出和解决为核心，通过引导学生思考和探索，培养他们的问题意识和解决问题的能力。这一观点强调学生的主动参与和实践，通过实际问题的探究，激发学生的学习兴趣和创新思维。问题导向的思想政治教育注重学生的实际运用能力和实践能力的培养，使他们能够将所学的知识和理论运用于实际情境中，解决实际困难和挑战。

在实践中，问题导向的思想政治教育观点要求教育者引导学生发现和分析问题，培养他们的批判性思维和创造性思维。通过设计问题驱动的学习任务和项目，学生可以主动参与和实践，从而培养他们解决问题的能力。教育者还可以通过引导学生进行案例分析、互动讨论和实践活动等，激发学生的思考和探索欲望，引发他们的学习兴趣，并培养他们主动学习能力。

(三）民主参与的思想政治教育观点

民主参与的思想政治教育观点认为，思想政治教育应当注重培养学生的民主意识和参与能力。这一观点强调学生在社会和政治生活中的积极参与和贡献，使他们成为有责任感和公民意识的公民。民主参与的思想政治教育注重培养学生的政治素养和公共事务意识，使他们能够理解和关注社会政治生活，参与社会问题的讨论和决策，并积极参与公共事务和社会活动。

在实践中，民主参与的思想政治教育观点要求教育者为学生提供学习民主和参与的机会和平台。教育者可以组织模拟选举、学生议会、社区服务等活动，培养学生的公共参与能力和领导能力。通过讨论课、辩论赛和团队合作等形式，教育者能够促进学生之间的民主交流和思想碰撞，培养他们的团队合作精神和尊重他人意见的观念。此外，教育者还应引导学生关注社会问题和参与公共事务，培养他们的社会责任感和公民意识，激发他们对社会发展和公共利益的关注。

(四）跨文化视野的思想政治教育观点

跨文化视野的思想政治教育观点认为，思想政治教育应当促进学生跨文化认知能力和跨文化交流与合作能力的提升。这一观点强调学生的全球意识和跨文化理解能力，使他们能够适应多元文化的社会环境，并与来自不同文化背景的人有效地沟通和合作。

在实践中，跨文化视野的思想政治教育观点要求教育者拓宽学生的视野，通过引入不同文化的案例、文献和实践经验，帮助学生了解不同文化的价值观、信仰和社会制度，培养他们的文化包容性和文化敏感性。教育者可以组织跨文化交流活动、国际交流项目等，使学生与来自不同国家和文化背景的人进行交流与合作，培养他们的跨文化交际能力和团队合作能力。同时，教育者还应引导学生思考全球化和多元文化带来的挑战和机遇，促进他们对全球问题的关注和思考。

当代思想政治教育涌现出多个重要的理论观点，包括全面发展人的思想政治教育观点、问题导向的思想政治教育观点、民主参与的思想政治教育观点和跨文化视野的思想政治教育观点。这些观点为思想政治教育的实践提供了有益的指导和借鉴，为培养学生的全面素质、问题解决能力、公民意识和跨文化交际能力等提供了思路和方法。教育者应在实践中灵活运用这些观点，结合学生的实际需求，推动思想政治教育的创新与发展。

二、当代思想政治教育的理论框架

（一）价值观教育

价值观教育是当代思想政治教育的核心内容之一。它旨在培养学生正确的价值观念，包括民主、平等、自由、法治、爱国主义、社会主义核心价值观等。通过教育，学生能够树立正确的人生观、世界观和价值观，培养正确的道德判断力和行为准则。

1. 社会主义核心价值观

社会主义核心价值观是中国特色社会主义价值体系的重要组成部分，包括富强、民主、文明、和谐、自由、平等、公正、法治、爱国、敬业、诚信、友善。这些价值观念是社会主义核心价值观追求的具体体现，体现了社会主义的根本目标和原则。

（1）富强

富强是社会主义核心价值观中的第一个要素。它强调国家的经济繁荣和发展，包括国家的综合实力、经济增长、科技创新等方面的富强。富强意味着国家能够提供充足的物质条件和资源支持，为人民的幸福生活奠定基础。

（2）民主

民主是社会主义核心价值观的重要组成部分。它强调人民的参与和决策权利，追求社会的民主和公平。民主意味着人民能够通过选举、投票等形式参与国家和社会事务的决策，并享有平等的权利和机会。

（3）文明

文明是社会主义核心价值观的内涵之一。它强调人的精神文明和道德素质的提升，追求社会的文明进步和人的全面发展。文明意味着个体要具备良好的道德品质，尊重他人、遵纪守法、注重公共秩序等。

（4）和谐

和谐是社会主义核心价值观中的重要因素。它强调人与人、人与自然、社会与环境之间的和谐关系，追求社会的和谐稳定和人与自然的和谐相处。和谐意味着人与人之间的和睦相处、社会的稳定和谐、与自然环境的和谐共生。

（5）自由

自由是社会主义核心价值观的重要组成部分。它强调个体的自由意志和自由发展，追求社会中个人自由和公民自由。自由意味着个体享有自主决策、追求个人发展的权利，同时需要在法律和道德的框架下行使。

（6）平等

平等是社会主义核心价值观中的重要因素。它强调人们在权利、机会和待遇上的平等，追求社会的平等正义。平等意味着每个人都应该享有平等的权利和机会，不受性别、种族、地域等因素的歧视。

（7）公正

公正是社会主义核心价值观的重要内涵之一。它强调社会的公正和法律的公正，追求社会的公平正义。公正意味着在社会中实现公平的分配和公正的法律制度，使每个人都能够享受到应有的权益和待遇。

（8）法治

法治是社会主义核心价值观中的重要因素。它强调依法治国和依法行为，追求社会的法治化和法律的尊严。法治意味着国家和社会的管理和决策要依照法律规定，保障公民的合法权益和社会秩序的稳定。

（9）爱国

爱国是社会主义核心价值观的重要组成部分。它强调对祖国和人民的深厚感情和责任心，追求国家的繁荣和人民的幸福。爱国意味着个人要有为国家和社会做贡献的意识和行动，维护国家的利益和尊严。

（10）敬业

敬业是社会主义核心价值观中的重要因素。它强调对工作的认真负责和专业精神，追求个人的事业成功和社会的发展进步。敬业意味着个人要对所从事的工作充满热情和责任感，努力提升自己的专业能力，为国家和社会的发展做贡献。

（11）诚信

诚信是社会主义核心价值观的重要组成部分。它强调诚实守信、信守承诺和言行一致，追求社会的诚信和信任。诚信意味着个人要遵守道德规范和法律法规，保持诚实守信的行为准则，树立良好的社会形象。

这些社会主义核心价值观构成了中国特色社会主义的价值导向，对于中国社会的发展和进步具有重要意义。在思想政治教育中，通过价值观教育，学生能够理解和接受这些核心价值观，树立正确的人生观、世界观和价值观。价值观教育的目标是培养学生具备正确的思想观念和道德素质，使其成为有担当、有责任感的社会主义建设者和接班人。因此，价值观教育在当代思想政治教育中具有不可替代的重要作用。

（12）友善

友善是社会主义核心价值观的重要组成部分，也是在中国特色社会主义价值体系中强调的一项价值。友善强调个体之间的友好相处、互帮互助，以及在社会主义中展现出的善意和关爱。友善的价值观体现了社会主义建设中对人际关系和社会和谐的关注，强调社会成员应以亲善、包容和理解的心态相待，共同促进社会的团结与和谐。

2.多元价值观

多元价值观是当代社会中一个重要的概念，人们认识到在一个多元化的社会中，个体和群体之间存在多样的观念、信仰和价值追求。这种多样性体现了个体的独立性和自由意志，同时反映了社会的复杂性和多样性。

多元价值观的理念强调尊重和包容不同的观点和价值选择。它认为每个人都有权利和自由去追求符合自己信仰和理念的生活方式和价值取向。这意味着人们可以根据自己的经历、文化背景和个人信仰来形成自己的价值观念，而不受传统观念或社会期望的束缚。

在多元价值观的理念下，社会需要提供一个包容和开放的环境，鼓励个体和群体表达自己的观点和价值观念。这意味着人们应该通过对话、交流和协商来理解和尊重彼此的差异，而不是通过冲突和排斥来对待不同的价值观。

多元价值观的理念也意味着人们需要发展跨文化和跨群体的沟通和理解能力。这包括了解和尊重不同文化、宗教和社会群体的价值观念，以及倾听和接纳他们的观点和体验。通过对不同观点和价值观的包容和理解，人们可以建立更加和谐和平衡的社会关系，促进社会的进步和发展。

在思想政治教育中，多元价值观的概念对于培养学生的宽容性、理解力和对话能力至关重要。通过引入多元的观点和文化背景，教师可以帮助学生认识到世界的多样性和复杂性，培养他们的尊重和包容意识，以及对不同价值观的理解和接纳能力。这有助于学生成为具有全球视野和社会责任感的公民，为建设一个和谐、包容和进步的社会做出贡献。

3.基本人权和普世价值观

基本人权和普世价值观是指跨越国家和文化界限，被广泛认同和尊重的人类共同的价值观念和权利保障。它们以人的尊严和自由为核心，旨在保障每个人的基本权利和自由，无论其种族、性别、宗教、国籍或社会地位如何。

基本人权是指每个人作为人类的成员天生享有的权利，如生命权、自由权、财产权等。这些权利被认为是人的尊严和价值的体现，是个体发展、幸福和自由的基础。

普世价值观是指跨越不同文化和社会背景，被广泛接受和尊重的价值观念。它们包括公平、正义、尊重人权、民主、法治、尊重多元文化等。普世价值观强调所有人都应享有这些价值观所提倡的权利和自由，并且这些价值观是跨越文化和国家界限的共同价值。

基本人权和普世价值观的重要性在于它们超越了特定国家和文化的局限性，具有普遍性和客观性。它们作为普世的道德准则和法律原则，为人类社会建立了共同的价值基础和行为准则。无论个体所处的国家和文化如何，基本人权和普世价值观都应被尊重和保护。

在思想政治教育中，基本人权和普世价值观的教育是培养学生公民意识和全球视野的重要内容。教师可以通过教学和讨论，向学生介绍基本人权的概念和内容，让他们了解普世价值观的意义和重要性。通过教育，学生可以意识到自己的权利和自由，并学会尊重他人的权利和自由。这有助于培养学生的公民责任感、法治意识和全球价值观，促进社会的进步和发展。

（二）全面发展教育

全面发展教育是一种以学生为中心的教育理念，旨在培养学生全面发展的能力和素质。它强调学生的多元发展，不仅关注知识的传授，还注重培养学生的思维、创新、实践、人际交往、情感态度等多个方面的能力和素质。

在知识方面，全面发展教育追求知识的广度和深度。学生不仅需要获得各学科的基础知识，还要学习跨学科的综合知识。这有助于学生形成系统的知识结构，拓宽视野，促进跨学科思维和创新能力的发展。

在能力方面，全面发展教育注重培养学生的综合能力。学生需要具备批判性思维、问题解决能力、创新能力、合作能力等。通过开展探究式学习、项目制学习、团队合作等活动，学生能够主动思考问题、分析问题，并提出创新性的解决方案。同时，培养学生的沟通能力、领导能力和人际交往能力，以适应日后的工作和社交环境。

在品德方面，全面发展教育强调培养学生的道德品质和价值观。学生需要具备公民意识、社会责任感和公德心，尊重他人，关爱社会，树立正确的价值观念。通过德育教育和实践活动，学生能够培养良好的品德和道德判断力，成为有社会责任感和正确价值观的公民。

在身心健康方面，全面发展教育关注学生的身体健康和心理健康。学生需要保持健康的生活方式，培养良好的身体素质和体育习惯。同时，学生还需要具备良好的心理素质，能够处理情绪、应对压力、建立积极的心态。

全面发展教育的实施需要教育者的支持和引导。教师应成为学生的学习指导者和榜样，根据学生的特点和需求，设计多样化的教学活动和评估方式。教师还应关注学生的个体差异，为他们提供个性化的学习支持和辅导。

总的来说，全面发展教育旨在培养学生的全面素质，使他们成为具有综合能力和健康人格的社会主体。它注重知识、能力、品德和身心健康的统一发展，促进学生的全面成长和幸福生活。通过全面发展教育，学生能够适应社会的发展和变革，为社会的进步和发展做出积极贡献。

（三）问题导向教育

问题导向教育是当代思想政治教育的重要理念之一。它强调将问题和现实情境作为学习的起点和目标，通过引导学生提出问题、分析问题、解决问题的过程，培养他们的问题意识、批判性思维和解决问题的能力。

1. 问题引入

问题导向教育的第一步是引入问题，激发学生的学习兴趣和思考。教师可以通过提出引人思考的问题、引用真实案例、展示矛盾和争议等方式引发学生思考。问题的引入应具有启发性和挑战性，能够引发学生的好奇心和求知欲望，激发他们主动思考问题的动力。

2. 问题探索

在问题导向教育中，学生需要通过探索和研究来深入理解问题。教师可以引导学生进行信息收集、资料分析、实地调查等活动，让学生主动获取和整理相关知识和信息。同时，教师还可以组织小组讨论、辩论或开展团队项目等鼓励学生相互交流和合作，共同探索问题的本质和解决方案。

3. 问题解决

问题导向教育的最终目标是培养学生解决问题的能力。学生需要运用所学知识和思维工具，提出创新的解决方案，并进行实践验证。教师可以提供指导和支持，帮助学生分析问题、拓展思路、评估解决方案的可行性，并鼓励学生勇于尝试和反思。在问题解决的过程中，学生还能养成批判性思维、创新性思维和合作精神，提高问题处理能力和解决复杂问题的能力。

问题导向教育的优势在于它能够激发学生的学习兴趣和主动性，培养他们的批判性思维和解决问题的能力。通过面对真实问题和情境的学习，学生能够将所学知识应用于实际情境中，培养实践能力和创新能力。此外，问题导向教育还能够培养学生的团队合作精神和社会责任感，使其具备在复杂多变的社会环境中适应和创新的能力。

问题导向教育是一种以问题为导向的学习方式，能够培养学生的批判性思维、创新能力和解决问题的能力。通过引导学生思考和探索问题，问题导向教育促使学生主动参与学习，实现知识与实践的有机结合，为他们的终身学习和发展打下坚实的基础。

（四）实践教育

实践教育是当代思想政治教育的重要组成部分。它通过校内实践、社会实践、实践项目等方式，引导学生深入实践、体验学习，提高实际运用思想政治知识和技能的能力。

实践教育的重要性在于它能够将学习与实践相结合，使学生在实际情境中应用所学的知识和技能。通过亲身参与实践活动，学生能够更深入地了解社会、认识问题，并通过解决问题的实践过程提高自己的能力和素质。实践教育不仅培养了学生的实践经验，还提高了他们的创新思维和解决问题的能力，使其具备在复杂多变的社会环境中适应和应对的能力。

在实践教育中，学校和教师起重要作用。学校可以组织各种实践活动，如实验实践、实地考察、模拟演练等，为学生提供实际操作和体验学习的机会。教师则扮演指导者和引导者的角色，引导学生开展实践活动，并提供相应的指导和支持。教师应根据学生的兴趣和能力设计实践活动，并通过反思和讨论引导学生深入思考和总结经验。

实践教育的实施策略多种多样。除了学校和教师的组织和指导，社会实践也是一种重要的实践教育形式。通过参与社区服务、公益活动等社会实践，学生能够与社会接触、认识社会问题，并提高自己的社会责任感和公民意识。此外，实践项目的开展也是一种有效的实践教育策略。教师可以组织学生参与研究课题、社会调查等实践项目，使学生在实际项目中应用所学知识和技能，形成问题解决和团队合作能力。

实践教育的评价和效果评估也是重要环节。教师可以通过实践报告、项目展示、实践成果评估等方式对学生的实践表现和成果进行评价。评价的目的是了解学生在实践中的实际能力和解决问题能力的变化，以及他们对所学知识的应用情况。通过评价，教师可以为学生提供针对性的反馈和指导，帮助他们不断改进和提升自己的实践能力。

然而，实践教育也面临着一些挑战和难题，其中之一是资源和环境限制。实践教育需要一定的资源支持和适宜的环境条件，包括实验室设备、实地考察场所、社会实践机会等。另外，实践教育还需要教师具备相关的教育理念和指导能力，以及学校和社会的支持和重视。

（五）个性化教育

个性化教育是当代思想政治教育的重要发展方向之一。它强调根据学生的个体差异和需求，提供个性化的学习方案和支持。通过了解学生的兴趣、特长、学习风格等，学校和教师为他们量身定制的学习内容和教学方法，使每个学生都能够得到有效的教育和发展。

个性化教育的核心观点是关注学生的个体差异。学生在兴趣、学习能力、学习风格等方面存在差异，因此，针对不同的学生需求，个性化教育提供差异化的学习内容和学习方式。这种教育方式强调以学生为中心，尊重学生的个体差异，充分发挥每个学生的潜力。

个性化教育的目标是提供针对性的学习方案和支持，使每个学生都能实现自己的学习目标和发展潜力。通过了解学生的兴趣、特长和学习风格，教师可以为他们提供有针对性的学习内容和任务，激发学生的学习兴趣和动力。同时，教师还可以提供个性化的学习支持，如辅导、指导和反馈，帮助学生解决学习中的困难，提高学习效果。

个性化教育的实施需要采取多种策略和方法。首先，教师需要了解学生的个体差异和学习需求。这可以通过学生调查、个人面谈和学习档案等方式进行收集和分析。其次，教师可以根据学生的特点和需求，设计差异化的学习任务和项目，使每个学生都能够根据自己的兴趣和能力进行学习。此外，教师还可以采用个别辅导、小组合作、自主学习等教学方式，根据学生的学习风格和喜好来调整教学方法。

个性化教育的评价与反馈也是重要环节。教师可以通过多种评价方式，如作品展示、口头演讲、个人反思和小组互评等，全面了解学生的学习情况和成长。评价结果应准确、具体，并提供针对性的反馈和建议，帮助学生发现自己的优势和不足，并制订改进计划。

然而，个性化教育也面临一些挑战和困难。首先，实施个性化教育需要教师具备相关的知识和能力，需要投入更多的时间和精力。其次，资源和条件的不足也是个性化教育面临的问题，包括师资配备、课程设置和教学设施等方面的限制。

（六）全球视野和跨文化教育

全球视野强调培养学生对全球问题和全球发展的认知和理解。学生需要了解不同国家和地区的历史、政治、经济、文化等方面的情况，掌握全球事务和国际关系的基本知识。通过了解全球信息，学生能够拓宽自己的视野，认识到自身所处的社会和国家与其他国家和地区的相互联系，增强对全球发展和全球问题的关注和思考。

跨文化教育旨在培养学生的跨文化交流和合作能力。在跨文化交流中，学生需要具备尊重和理解不同文化的能力，能够在不同文化背景下进行有效的沟通和合作。跨文化教育通过提供跨文化交流的机会和学习资源，培养学生的跨文化意识、跨文化沟通技巧和跨文化解决问题的能力。

实施全球视野和跨文化教育需要采取多种策略和方法。首先，教育机构和教师可以引入全球视野和跨文化教育的内容和课程，使学生了解不同国家和文化的特点和差异。其次，教育机构和教师可以组织学生参与跨文化交流活动，如国际交流项目、文化交流活动等，使学生亲身体验不同文化和跨文化交流的过程。此外，教师还可以通过案例分析、讨论和小组合作等方式，引导学生思考和探讨跨文化问题，并提供相应的指导和反馈。

全球视野和跨文化教育的实施具有重要意义。首先，它有助于培养学生的全球意识和国际视野，使其具备面向全球的思维和竞争力。其次，它有助于促进不同国家和文化之间的理解与和谐，减少文化冲突和误解，促进国际的合作和交流。此外，全球视野和跨文化教育还有助于培养学生的人文素养和价值观，提高他们的社会责任感和全球公民意识。

然而，全球视野和跨文化教育也面临一些挑战和困难。首先，实施全球视野和跨文化教育需要教育机构和教师具备相应的知识和能力，不断更新教育理念和教学方法。其次，全球视野和跨文化教育需要教育资源的支持，包括国际交流项目、跨文化合作平台等。另外，教师和学生的跨文化交流能力和语言能力也是实施跨文化教育的关键。

全球视野和跨文化教育在当代思想政治教育中占有重要地位，发挥积极作用。它能够培养学生的全球意识和跨文化交流能力，增强他们的文化包容性和国际竞争力，促进国际的理解、合作与和谐发展。实施全球视野和跨文化教育需要教育机构、教师和学生的共同努力，同时需要教育系统和社会的支持和重视。

当代思想政治教育的理论框架为教育实践提供了指导和参考，帮助教育者更好地进行教学设计和组织，培养学生的思想政治素养、综合能力和社会责任感。同时，随着社会的繁荣和进步，这些理论框架也在不断演变和完善，以适应时代的需求和学生的发展。

第三章　思想政治教育的创新需求与挑战

第一节　当代社会背景下思想政治教育的创新需求

一、当代社会背景下的需求变化

（一）社会多元化与全球化

当代社会呈现出多元化和全球化特征，这对思想政治教育提出了新的创新需求。

首先，思想政治教育应注重多元文化教育。多元文化教育是一种致力于培养学生对不同文化的尊重和理解的教育方法。通过多元文化教育，学生可以了解和欣赏不同文化之间的差异，减少文化冲突和误解。教育机构可以组织多元文化活动、开展跨文化交流，帮助学生增强对其他文化的认知和接受能力，培养他们具备跨文化沟通和合作能力。

其次，思想政治教育需要培养全球视野。全球化使世界各国之间的联系更加紧密，全球性问题越发凸显。在全球化背景下，思想政治教育应培养学生具备全球意识和全球问题解决能力。教育机构可以通过开设全球问题课程、参与国际交流项目等方式，让学生了解全球性问题的现状和挑战，培养他们关注全球问题、参与全球事务的意识和能力。

另外，思想政治教育还需要关注社会多元化带来的价值观冲突和观念碰撞。不同文化和群体之间存在不同的价值观念，这可能导致思想观念的冲突和对立。这种情况下，思想政治教育需要帮助学生学会尊重和包容不同的观点，培养他们具备批判性思维和辩证能力，能够理性地处理和解决不同观念之间的冲突。

社会多元化和全球化是当代社会的重要特征，对思想政治教育提出了新的创新需求。思想政治教育需要注重多元文化教育、培养全球视野和促进不同观念的理解与包容。这样的教育目标可以通过多元文化教育课程、全球问题课程和培养批判思维能力等方式实现。同时，教育机构和教育者也需要不断提升自身的跨文化素养和全球意识，以更好地满足当代社会对思想政治教育的创新需求。

（二）科技创新与信息化发展

科技创新和信息化发展对思想政治教育提出了新的创新需求。现代科技手段为思想政治教育创新提供了广阔的空间和渠道。例如，网络教育平台、教育应用软件等工具可以促进学生的自主学习和互动交流，拓展教育的时空范围。思想政治教育需要将现代科技融入教学过程，创造丰富多样的学习体验，培养学生的信息素养和创新能力。

1.科技创新与学习方式的转变

随着科技的不断创新，学习方式也发生了巨大变革。传统的面对面授课模式逐渐融合了现代科技手段，如网络教育平台、在线学习资源等。这使得思想政治教育可以跳出传统的课堂限制，为学生提供更加灵活和个性化的学习方式。学生可以通过网络平台进行自主学习、在线讨论和合作，培养批判性思维和创新能力。同时，利用互动式教学工具和虚拟实境技术等，可以创造沉浸式学习体验，使学生更加深入地理解和体验思想政治教育的内容。

2.信息化发展与信息素养的培养

随着信息技术的迅猛发展，信息在人们的生活中无处不在。然而，信息过载和虚假信息泛滥也成了一个重要问题。这种背景下，思想政治教育需要帮助学生培养信息素养，即辨别信息真伪、评估信息可信度和正确运用信息的能力。学生需要学会从多个信息源中获取、筛选和整理信息，培养批判性思维和信息辨别的能力。同时，思想政治教育还应加强对网络安全和个人隐私保护的教育，引导学生正确使用信息技术，并提醒他们注意个人信息的保护和网络风险的防范。

3.科技创新与全球视野的拓展

科技的进步也为思想政治教育提供了更广阔的全球视野。通过互联网和科技工具，学生可以接触到来自不同国家和文化背景的思想和观念。这为思想政治教育提供了机会，使学生了解和尊重不同文化和价值观，培养跨文化沟通和合作能力。通过虚拟交流平台、在线国际合作项目等，学生可以与全球的同龄人交流和互动，增强他们的全球意识和国际合作能力。思想政治教育还应引导学生关注全球议题，培养解决全球问题的意识和能力。

4.科技创新与教师角色的变化

科技创新对思想政治教育中教师的角色提出了新的要求。教师需要不断更新自己的教育理念和教学方法，掌握并运用新的科技工具和教育资源。教师不仅需要成为思想政治知识的传授者，还要成为学生学习的引导者和合作伙伴。他们需要善于利用科技手段，激发学生的学习兴趣，培养学生的自主学习和创新能力。同时，教师还需要引导学生正确使用科技工具，教育他们关于信息安全、网络道德和数字素养的知识。

（三）社会变革与价值追求

当代社会正经历着快速社会变革和价值观念的重塑，这对思想政治教育提出了新的创新需求。社会变革带来了新的社会问题和挑战，如经济发展不平衡、环境污染、社会不公等。思想政治教育需要引导学生理解和面对这些问题，培养他们关注社会问题、参与社会改革的意识和能力。

1.社会变革带来的新问题和挑战

当代社会正经历着各种社会变革，如经济全球化、科技革命、城市化进程等，这些变革带来了新的社会问题和挑战。例如，不平等问题、环境污染、社会隔离等，这些问题需要思想政治教育提供相关知识和理解，引导学生认识到问题的本质和根源，并培养他们关注社会问题和参与社会改革的意识和能力。思想政治教育应该帮助学生理解这些问题的复杂性，并激发他们思考如何解决这些问题，以推动社会的可持续发展和进步。

2. 价值观念的重塑与社会主义核心价值观

当代社会的变革伴随价值观念的重塑。社会主义核心价值观的提出意味着对传统价值观念的更新和塑造。思想政治教育需要通过教育引导学生理解社会主义核心价值观的内涵，如富强、民主、文明、和谐、自由、平等、公正、法治、爱国、敬业、诚信、友善等，并将这些价值观融入教育的各个环节。通过培养学生对这些价值观的理解和认同，思想政治教育能够激励他们践行社会主义核心价值观，成为具有社会责任感和公民意识的人。

3. 多元化的价值观念与独立思考能力

当代社会的多元化意味着存在不同文化背景和价值观念。思想政治教育需要引导学生理解和尊重不同的价值观念，鼓励他们积极思考、对话交流，并形成自己的独立价值观。思想政治教育可以提供开放的平台，鼓励学生参与辩论、讨论和合作项目，培养他们分析问题、评估价值观念的能力，从而培养他们成为具有独立思考和判断能力的公民。

4. 适应变革的能力与创新精神

当代社会的快速变革要求个人具备适应变革和创新的能力。思想政治教育应该培养学生的创新精神和适应变革的能力，以应对快速变化的社会环境。这包括培养学生的批判性思维、创造性思维和问题解决能力，激发他们的创新意识和创新能力，以适应并推动社会的变革。

（四）个体发展与全面素质培养

当代社会，个体发展和全面素质培养成了教育的重要关注点。传统的思想政治教育主要注重知识的传授和灌输，当代社会，人们对教育的期望已经发生了变化。个体发展和全面素质培养要求思想政治教育关注学生的个体差异和需求，注重培养学生的个性发展和全面素质。

1. 个体发展的关注

在个体发展的视角下，思想政治教育需要充分尊重学生的个体差异和发展需求。每个学生都具有独特的兴趣、天赋和发展潜能，思想政治教育应该提供多样化的学习机会和支持，以促进学生个体能力的发展。这包括关注学生的兴趣爱好，鼓励他们积极参与社会活动、社团组织和志愿者工作，培养他们的领导能力和团队合作精神。思想政治教育还应关注学生的心理健康和情绪管理，为学生提供心理辅导和支持，帮助他们建立积极的心态和健康的人际关系。

2. 全面素质培养的要求

全面素质培养强调学生在知识、技能、品德、创新能力和身心健康等方面的全面发展。思想政治教育不仅要关注学生的学科知识，还要注重培养学生的批判性思维、创新能力、社会责任感和价值观。通过引导学生思考、讨论和互动，培养学生的批判性思维和判断能力，使他们能够客观分析问题和形成独立的判断。同时，思想政治教育还要关注学生的道德品质和价值观念，培养他们的公民意识、社会责任感和良好的道德素养。

3. 实践与思想政治教育相结合

个体发展和全面素质培养需要思想政治教育与社会实践相结合。通过参与社会实践活动，学生能够将学到的知识和理念应用于实际中，培养实践能力和社会责任感。思想政治教育可以鼓励学生参与社会实践项目、社区服务、社会调研等活动，使他们亲身体验和感受社会的多样性和复杂性。同时，思想政治教育还可以通过实践案例的讨论和分析，帮助学生将实践经验与理论知识相结合，提升他们的问题解决能力和创新思维。

思想政治教育应该关注学生的个体差异和需求，通过多样化的学习机会和支持，培养学生的个性发展和全面素质。同时，思想政治教育还要结合社会实践，使学生能够将所学知识和能力应用于实际中，培养他们的实践能力和社会责任感。通过这样的创新思想政治教育，我们可以更好地促进个体的发展，培养全面发展的公民。

二、创新思想政治教育的迫切性

在当代社会背景下，思想政治教育面临着许多新的挑战和需求，这使创新思想政治教育变得迫切而重要。

（一）培养全面发展的公民

传统的思想政治教育往往注重知识灌输而忽视了学生的综合素质和能力的培养。当代社会，我们需要培养具有批判性思维、创新精神、沟通能力、团队合作和社会责任感的全面发展的公民。创新思想政治教育需要关注学生的个性发展和全面素质，通过多样化的教学方法和实践活动，培养学生的综合能力和社会适应能力。

首先，创新思想政治教育需要注重培养学生的批判性思维和创新精神。传统教育往往强调学生对知识的被动接受和记忆而忽视了学生主动思考和创造的能力。创新思想政治教育应该通过启发式教学、问题解决和实践探索等方式，激发学生的思辨能力和创新意识。学生需要学会质疑、分析和评估不同观点和观念，培养独立思考和创新思维的能力。

其次，创新思想政治教育需要注重培养学生的沟通能力和团队合作精神。当代社会，沟通能力和团队合作已成为求职和生活的重要素质。传统思想政治教育往往侧重个体的学习和发展而忽视了学生在社会中与他人合作和交流的能力。创新思想政治教育应该通过小组讨论、项目合作和社区服务等活动，培养学生的沟通能力和团队合作精神。学生需要学会与他人协商、合作和解决问题，培养良好的人际关系和团队合作能力。

再次，创新思想政治教育需要注重培养学生的社会责任感和公民意识。当代社会，个人的行为和选择对社会产生影响，每个公民都应当担负起社会责任。传统思想政治教育往往关注学生对国家政治和社会体制的认识而忽视了学生对社会问题和公共事务的关注和参与。创新思想政治教育应该引导学生关注社会问题，培养他们的社会责任感和公民意识。

学生需要了解社会的发展和变化，认识到自己作为公民的责任和义务，积极参与社会事务，为社会的进步和发展做出贡献。

最后，创新思想政治教育需要注重培养学生的综合素质。传统的思想政治教育过于注重学科知识而忽视了学生其他方面素质的培养。创新思想政治教育应该关注学生的品德、创造力、身体健康和情感智力等方面的发展。学生需要具备良好的道德品质、自我管理能力和情绪调控能力，以及积极的态度和适应能力，才能成为全面发展的公民。

（二）强调实践与体验

当代社会强调实践和体验的重要性。传统的思想政治教育过于理论化，缺乏与实际生活和社会问题的结合。创新思想政治教育需要将理论知识与实践相结合，通过社会实践、参观考察、模拟演练等方式，让学生亲身体验和感受社会的多样性和复杂性，培养解决实际问题的能力。

首先，实践与体验能够激发学生的兴趣和动力。通过让学生亲身参与实践活动，他们能够体验和感受到知识的实际应用和意义。这种实践与体验的过程可以激发学生的兴趣和好奇心，使他们更加主动地参与学习，提高学习效果。

其次，实践与体验能够提高学生解决问题的能力。当学生将所学的知识应用于实践中，他们需要面对现实情境和挑战，思考并解决问题。这种实践性的学习过程培养了学生的分析思维、判断能力和解决问题的能力，使他们能够更好地应对复杂的社会现实和挑战。

再次，实践与体验能够增强学生的合作与沟通能力。在实践活动中，学生常常需要与他人合作，共同完成任务或解决问题。这种合作与沟通的过程不仅促进学生团队合作能力和人际交往能力的提升，还培养了学生的社会责任感和团队精神。

最后，实践与体验能够提高学生的适应能力和创新能力。当学生在实践活动中面对不同的情境和挑战时，他们需要灵活应对、主动调整，并提出创新的解决方案。这种实践与体验的过程培养了学生的适应能力和创新思维，使他们能够适应不断变化的社会环境，并具备独立思考和创新的能力。

（三）培养创新思维和信息素养

当代社会信息爆炸，知识更新迅速，学生需要具备创新思维和信息素养。传统的思想政治教育注重知识的传授而忽视了学生的创新能力和信息处理能力的培养。创新思想政治教育需要通过启发式教学、案例分析、团队项目等方式，激发学生的创新思维，培养他们获取、评估和应用信息的能力。

首先，创新思维是当代社会所需的重要能力。在快速变化和不确定性的社会环境中，学生需要具备创新思维来面对新问题和挑战。创新思维包括对问题的重新定义、跳出传统思维模式、提出新观点和解决方案的能力。通过创新思维的培养，学生能够更好地适应变化、解决问题和应对挑战，为个人和社会带来创新和进步。

其次，信息素养是在信息化社会中获取、评估和应用信息的能力。当代社会充斥着大量的信息，学生需要具备辨别信息真伪、筛选有用信息和利用信息解决问题的能力。信息素养包括信息检索、信息评估、信息组织和信息交流等方面的技能。通过培养学生的信息素养，他们能够更好地获取和利用信息，扩展知识和见识，增强学习和创新能力。

创新思想政治教育可以采用多种教学方法和活动来培养学生的创新思维和信息素养。启发式教学是一种有效的方法，通过引导学生自主思考和探索，培养他们的创新思维和问题解决能力。案例分析有助于学生理解和分析真实的问题，培养他们的创新思维和决策能力。团队项目可以激发学生的合作精神和创造力，培养他们的创新思维和团队合作能力。

除了教学方法和活动，创新思想政治教育还需要关注课程设置和评估方法的创新。课程设置应注重培养学生的创新思维和信息素养，提供与实际生活和社会问题相关的案例和项目，激发学生的创新潜力和兴趣。评估方法应综合考虑学生的创新思维和信息素养的发展，采用多种方式评估学生的能力和表现。

因此，创新思想政治教育迫切需要注重培养学生的创新思维和信息素养。通过激发学生的创新思维、培养他们的信息素养，学生能够更好地适应当代社会的要求，成为具有创新能力和适应能力的全面发展的公民。

（四）关注社会多元和文化差异

当代社会面临着多元文化和文化交流的挑战。传统的思想政治教育往往以单一文化为中心而忽视了多元文化和文化差异的存在。创新思想政治教育需要以多元文化为基础，尊重和包容不同的文化观点和价值选择，培养学生的跨文化交流和合作能力。

1.社会多元化的背景和影响

社会多元化是指不同文化、价值观的共存和相互交融。在全球化进程加速和移民潮增加的背景下，社会多元化现象越发明显。不同文化和价值观之间的冲突和碰撞也带来了新的挑战和问题。社会多元化对思想政治教育提出了更高的要求，需要教育者能够认识和理解不同文化的存在，尊重和包容多样性，培养学生的跨文化交流和合作能力。

（1）社会多元化的背景

社会多元化是当代社会的重要特征之一，它源于全球化进程的加速和移民潮的增加。全球化使得不同国家和地区之间的联系更加紧密，人员流动和文化交流更加频繁。大量的移民和难民涌入不同国家，带来了多元的文化背景和价值观。同时，社会结构的变化、经济发展的不均衡以及信息技术的普及，也促进了社会多元化的发展。

全球化进程的加速。全球化进程的加速推动了不同文化和价值观念的交流和碰撞。经济全球化使得不同国家和地区的经济联系更加紧密，贸易、投资和技术的跨国流动加剧了文化的交融。人们通过跨国公司、国际组织、全球媒体等渠道接触各种不同文化的产品和观念，加深了对其他文化的认知和了解。

移民潮的增加。移民潮的增加也是社会多元化的重要原因之一。由于战争、贫困、追求更好生活等原因，大量人口涌入不同国家和地区。这些移民携带自己的文化背景和价值观念，与当地的文化产生了碰撞和融合。移民的到来不仅改变了当地社会的人口结构，也为社会注入了新的文化元素，促进了社会多元化发展。

（2）社会多元化的影响

社会多元化对思想政治教育产生了深远影响，教育者需要重新认识和应对这一挑战。

文化冲突和碰撞。不同文化和价值观念之间的冲突和碰撞是社会多元化的一种表现。当不同文化的人们生活在同一个社会时，他们的习惯、价值观和行为规范可能存在较大差异。这种差异可能导致误解、矛盾甚至冲突。思想政治教育需要教育者具备跨文化的理解和沟通能力，以促进不同文化之间的和谐相处。

多元文化的包容与尊重。社会多元化要求教育者具备包容和尊重不同文化的能力。教育者应该理解每个学生的文化背景和价值观念的独特性，避免对某种文化产生偏见或歧视。思想政治教育需要引导学生欣赏、尊重和包容多元文化，培养学生跨文化交流和合作能力。

（3）跨文化交流与合作能力的培养

社会多元化对教育提出了更高的要求，教育者需要培养学生跨文化交流和合作能力。这需要教育者提供跨文化交流的机会和平台，鼓励学生参与国际交流、多元文化活动等，增进他们对其他文化的认知和理解。思想政治教育应该注重培养学生的跨文化沟通和合作技巧，使他们能够与不同背景的人相互理解和合作，共同解决社会问题。

（4）全球意识的培养

社会多元化背景下，全球意识的培养成为创新思想政治教育的重要目标之一。全球意识是指对全球性问题和全球化影响的认知和理解，以及对全球责任和全球公民身份的认同。当代社会，全球各个领域的相互依存和交流更加密切，全球问题如气候变化、贸易冲突、移民问题等也越发凸显。因此，思想政治教育需要培养学生的全球意识，使他们能够理解和尊重不同国家、文化和价值观念，关注全球议题，积极参与全球事务。

2.文化差异的意义和影响

文化差异是指不同文化群体之间的差异，包括价值观念、行为规范、信仰体系等方面。文化差异不仅存在于国际的文化交流，也存在于国内的不同地区、不同民族和不同社会群体之间。文化差异对思想政治教育带来了新的挑战和机遇。传统的思想政治教育往往以特定文化的价值观为准绳而忽视了其他文化的存在和多样性。因此，创新思想政治教育需要关注不同文化之间的差异，尊重和包容多样性，培养学生的跨文化交流和合作能力。

（1）促进文化多样性

文化差异使世界充满了多样性和丰富性。不同文化的存在促进了人类社会的发展和进步，每个文化都有其独特的贡献。思想政治教育需要尊重和包容不同文化的存在，鼓励学生理解、尊重和欣赏不同文化的差异，从而促进文化多样性的保护和发展。

（2）拓宽视野和思维方式

文化差异使人们能够看到世界的多种视角和思维方式。不同文化对待问题的方式、价值观念的不同都能够给予我们新的思考和理解。思想政治教育需要引导学生走出自己的文化视野，接触和了解其他文化，拓宽视野和思维方式，从而提高他们的跨文化交流和解决问题的能力。

(3) 培养跨文化交流能力

全球化背景下，跨文化交流成为重要的能力。文化差异使人们面临与来自不同文化背景的人交流和合作的挑战。思想政治教育需要通过培养学生的跨文化交流能力，使他们具备与拥有不同文化背景的人有效沟通和合作的能力。这有助于增进文化交流、加深相互理解和友谊，促进世界的和谐发展。

(4) 丰富思想观念和价值选择

文化差异使人们能够接触不同的思想观念和价值选择。学生通过了解不同文化的思想观念和价值取向，可以更好地思考和评估自己的价值观念，并从中选择适合自己的信仰和行为准则。思想政治教育需要引导学生进行价值观念的反思和选择，培养他们的独立思考和判断能力。

文化差异的存在使得思想政治教育需要更加关注多元性和包容性，培养学生的跨文化交流和合作能力。通过理解和尊重不同文化之间的差异，思想政治教育能够促进文化多样性的保护和发展，拓宽学生的视野和思维方式，把他们培养成为具有全球意识和跨文化背景的全面发展的公民。

创新思想政治教育需要关注学生的全面发展，强调实践与体验，培养创新思维和信息素养，关注社会多元和文化差异。只有通过创新思想政治教育，我们才能更好地适应当代社会的变革和需求，培养具有全面素质的公民。

第二节 思想政治教育面临的挑战与困境

一、思想政治教育的困境和问题

(一) 思想政治教育的困境

1. 缺乏实效性

传统的思想政治教育注重知识的灌输，但往往缺乏与实际生活和社会问题相结合。学生难以将学到的知识应用于实际情境中，导致思想政治教育的实效性不高。

缺乏与实际生活和社会问题相结合。传统思想政治教育注重的是学生对政治理论的理解和记忆，缺乏将这些知识与实际生活和社会问题相结合的机会。学生往往被要求记忆大量的定义、条文和原则，却很少有机会将这些知识应用于实际情境中分析和解决问题。这使得学生难以理解和感受到思想政治教育的实际意义和影响力，缺乏对教育内容的认同和兴趣。

学生实践能力和创新思维的欠缺。传统思想政治教育重视知识的传授，却忽视了培养学生的实践能力和创新思维。学生往往只是被动地接受和记忆知识，缺乏主动思考和实践的机会。这使得他们缺乏对问题的深入思考和创造性解决问题的能力，无法将所学的知识与实际问题相结合，限制了思想政治教育的实效性和影响力。

缺乏学生参与和反馈的机制。传统思想政治教育通常是教师主导的单向传授模式，学生往往是被动接受者，缺乏对教育过程的参与和反馈的机会。这导致学生对教育内容的理解和兴趣不高，缺乏主动性和积极性。学生的个体差异和需求往往被忽视，无法满足不同学生的学习需求和发展需求，限制了思想政治教育的实效性和个性化发展。

缺乏实践与体验的教学模式。传统思想政治教育往往注重理论的传授，缺乏实践和体验的教学模式。学生缺乏对真实社会问题的实践体验，无法将所学的知识应用于实际情境中，限制了他们的实践能力和问题解决能力。这使得思想政治教育与学生的实际生活和社会问题之间存在一定的脱节，影响了教育的实效性和价值。

传统的思想政治教育在于实际生活和社会问题相结合、学生实践能力和创新思维的培养、学生参与和反馈的机制，以及实践与体验的教学模式等方面存在困境。为了提高思想政治教育的实效性，需要创新教育模式、关注学生的个体发展和需求、强调实践与体验的教学方法，并加强教师专业发展，以满足当代社会对思想政治教育的需求。

2. 独立性和批判性思维的欠缺

思想政治教育往往强调学生接受既定的价值观念和观念，缺乏培养学生独立思考和批判性思维的机会。学生在接受教育过程中缺乏对不同观点的审视和评估能力，容易形成盲从和僵化的思维模式。

独立思考的欠缺。传统思想政治教育缺乏培养学生独立思考的机会和环境。学生被要求记忆和接受教授的知识和观点，缺乏对知识的主动探索和质疑。这使得学生缺乏独立思考的能力，难以形成自己的独立观点和判断力。

批判性思维的不足。传统思想政治教育注重对学生进行知识的灌输和记忆，缺乏培养学生批判性思维的机会。学生往往只是被要求接受和记忆教授的观点和理论，缺乏对这些观点进行批判性分析和评估的能力。这限制了学生对问题的深入思考和多角度思考的能力，使其难以形成独立的思维和判断能力。

盲从和僵化的思维模式。由于缺乏独立思考和批判性思维的培养，学生容易形成盲从和僵化的思维模式。他们习惯于接受他人的观点和意见，缺乏对这些观点进行反思和质疑的能力。这限制了学生的创造力和创新能力，使他们难以在面对复杂问题时提出新的观点和解决方案。

缺乏对不同观点的审视和评估能力。传统思想政治教育往往只强调某一特定的思想体系和价值观，缺乏对不同观点和多样性的包容和审视。学生缺乏对不同观点的评估和分析能力，容易形成偏见和偏执的看法。这限制了他们对复杂社会问题的全面理解和综合思考的能力。

3. 教师的素质和专业化不足

一些思想政治教育教师缺乏深厚的学科知识和专业素养，无法有效地引导学生进行思想政治的讨论和分析。教师在教学中缺乏多元的教学方法和手段，难以激发学生的兴趣和参与度。

教师的学科知识不足。一些思想政治教育教师缺乏深厚的学科知识和理论基础。思想政治教育涉及广泛的学科领域，需要教师具备全面的知识背景和专业素养。然而，一些教师在学科知识上存在欠缺，无法对思想政治问题进行深入的分析和解读。这限制了他们在教学中对复杂问题的引导和解答能力。

教师缺乏教学方法的多样性。一些思想政治教育教师在教学中缺乏多元的教学方法和手段，难以激发学生的兴趣和参与度。传统的思想政治教育往往采用传统的讲授方式，缺乏互动性和趣味性。教师缺乏创新教学方法的应用，无法满足学生多样化的学习需求，导致学生对思想政治教育的兴趣和参与度不高。

教师缺乏培养学生思辨能力的能力。思想政治教育的目标之一是培养学生的思辨能力和批判精神。然而，一些教师无法引导学生进行深入的思考和探索，缺乏相应的教学策略和方法。教师在教学中更注重知识的传授而忽视了培养学生批判性思维和创新能力的重要性。

缺乏专业发展和培训机会。由于缺乏相应的培训和学习机会，教师的专业素养和教学能力无法得到有效提升。他们难以跟上思想政治领域的最新研究和理论，无法将最新的教育理念和方法应用于教学中。

为了提高思想政治教育质量，教育机构需要加强对教师的培训和专业发展，提升其学科知识和教学能力。同时，教师需要掌握多元的教学方法和策略，培养学生的思辨能力和批判精神。学校通过提升教师的素质和专业化水平，可以提高思想政治教育的实效性和质量。

（二）思想政治教育的问题

1. 缺乏个性化教育

传统的思想政治教育往往是一种标准化的教育模式，忽视了学生的个体差异和需求。学生的兴趣、背景、成长环境各不相同，需要个性化的教育方式和内容来满足他们的学习需求。

教育模式的标准化。传统的思想政治教育往往采用标准化的教育模式，注重知识的传授和灌输，缺乏对学生个体差异的重视。教师通常按照固定的教学计划和教材进行教学，无法充分考虑学生的兴趣、需求和特点。这导致思想政治教育的内容和方法缺乏灵活性，无法满足学生个性化的学习需求。

缺乏关注学生兴趣和激发学习动机。传统的思想政治教育往往忽视了学生的兴趣和学习动机。这使得学生对思想政治教育的学习产生了抵触情绪，学习动机下降，影响了思想政治教育效果。

缺乏个性化的学习支持和指导。学生的学习风格和能力各不相同，需要个性化的学习资源和指导来帮助他们充分发展自己的潜力。然而，在传统教育中，教师往往难以提供个性化的学习支持和指导，导致学生的学习效果和成长受到限制。

学生缺乏参与和合作的机会。传统的思想政治教育往往以教师为中心，学生缺乏参与和合作的机会。学生缺乏与他人互动和合作的机会，无法锻炼团队合作和沟通能力。这限制了学生的思维发展和综合素质的培养，影响了思想政治教育效果。

2. 缺乏终身化教育

思想政治教育应该是一个持续的过程，但传统的教育模式往往将其局限在学校阶段。在社会变革和知识更新迅速的时代，学生需要终身学习和不断适应变化的能力，而思想政治教育无法提供持续的学习机会和支持。

学校阶段的限制。传统的思想政治教育往往将其局限在学校阶段，缺乏对学生终身学习的引导和支持。一旦学生完成学校教育，思想政治教育往往停止，无法满足学生终身学习的需求。

社会变革和知识更新的挑战。当代社会，社会变革和知识更新迅速，人们需要不断学习和适应社会变化。然而，传统的思想政治教育无法提供持续的学习机会和支持，无法帮助学生应对社会变革和知识更新的挑战。

缺乏终身学习意识和能力。传统的思想政治教育过于注重知识传授和灌输而忽视培养学生的终身学习意识和能力。学生缺少主动学习和持续学习的机会，缺乏自主学习的能力和习惯，难以适应快速变化的社会需求。

3. 忽视社会参与和实践

思想政治教育应该与社会实践相结合，使学生能够将学到的知识和价值观念应用于实际中。然而，传统的思想政治教育缺乏与社会的联系，缺乏培养学生社会参与和实践能力的机会。

（1）社会参与的重要性

社会参与是指个人在社会中积极参与各种公共事务、社区活动和社会组织，并发挥自己的作用和承担责任。社会参与不仅有助于个人发展，还对社会的进步和公共利益产生积极影响。通过参与社会活动，学生能够将学到的知识和价值观念应用于实际中，形成实践能力、社会责任感和公民意识。

（2）传统思想政治教育忽视社会参与和实践的原因

传统的思想政治教育主要以课堂教学为主，注重知识的传授和理论的灌输，往往忽视与社会的联系和实际问题的解决。以下是传统思想政治教育忽视社会参与和实践的主要原因：

课程设置的限制。传统的思想政治课程设置通常较为固定，注重政治理论和思想观念的传授，课堂内容难以与实际问题相结合。这使得学生难以将学到的知识与实际情境相连接，缺乏实践能力的培养。

教学方法的单一。传统的思想政治教育往往采用传统的教学方法，如讲授、听讲和笔记，缺乏与社会参与和实践相关的活动。这种单一的教学方法难以激发学生的兴趣和主动参与，限制了他们的实践能力的发展。

考试导向的评价体系。传统的教育评价体系往往过于强调考试成绩和知识掌握，忽视了学生的实践能力和社会参与。学生面临的学业压力和竞争导向的教育环境使得他们更关注应试学习，而非实践和社会参与。

（3）缺乏社会参与和实践的影响

缺乏社会参与和实践对思想政治教育产生了一系列负面影响。

知行不合一。缺乏社会参与和实践使得学生难以将学到的知识转化为实际行动，知行不合一。他们对于知识的理解停留在理论层面，难以应用于解决实际问题和参与社会事务。

社会责任感缺失。缺乏社会参与和实践使得学生对社会问题的关注和责任感减弱。他们缺乏实际参与和实践的机会，对社会问题的认识和关心停留在理论层面，缺乏对社会问题的深入理解和关注。

实践能力的不足。缺乏社会参与和实践导致学生缺乏实践能力的培养。实践能力是指学生能够应对实际问题、解决困难和与他人合作的能力，是他们在未来工作和生活中所需要的重要能力。

4. 缺乏全球视野和国际交流

全球化时代，思想政治教育应该培养学生具备全球视野和国际交流的能力。然而，传统的教育模式往往局限在国内框架中，缺乏对全球问题和国际事务的关注和理解。

（1）局限在国内视角

传统的思想政治教育往往侧重国内政治和社会问题而忽视了全球事务和国际关系的重要性。学生缺乏对全球化背景下的全球问题的了解和认知，无法形成全球视野。

（2）缺乏对全球问题的关注

传统的思想政治教育往往忽视全球问题的教学而缺乏对全球性挑战如气候变化、贫困、恐怖主义等的讨论和分析。学生对这些重要问题缺乏足够的了解，无法意识到自身在全球范围内的责任和影响。

（3）缺乏跨文化交流的机会

思想政治教育往往缺乏充分的国际交流机会，学生缺乏与不同文化背景的人交流和合作的经验。这使得学生难以理解和尊重其他文化的差异，无法培养跨文化交流和合作能力。

思想政治教育面临着诸多困境和问题，包括缺乏实效性、独立性和批判性思维的欠缺、教师素质和专业化不足、教育体制和考核机制的束缚，以及个性化教育、终身化教育、社会参与和实践、全球视野和国际交流等问题。为了有效应对这些问题，创新思想政治教育的方式和方法至关重要。

二、思想政治教育面临的挑战

（一）时代变迁和价值观多元化

当代社会价值观念日益多元化，不同群体和个体对于思想和政治问题的认知和态度存在差异。思想政治教育需要适应时代变迁，平衡不同价值观之间的冲突和碰撞，培养学生具有包容性和尊重多元性的意识和能力。

1. 时代变迁引发的价值观多元化

（1）社会变革的影响

社会经济、科技、文化的快速发展和变革使得人们的生活方式、观念和价值取向发生了深刻变化。全球化和信息技术的普及使人们能够接触更多的文化和思想，促使价值观念呈现出多元化态势。

（2）个体意识觉醒

随着教育水平的提高和信息的广泛传播，个体对自身权益和尊严的追求逐渐增强。个体意识的觉醒使得人们对权力、权威和传统价值观进行反思，形成了对不同思想和观念的接纳和探索。

（3）文化交流和跨国互动

全球化的推动使不同文化之间的交流更加频繁，不同文化的思想和价值观开始相互碰撞和融合。人们从其他文化中汲取经验和智慧，对自身的价值观进行审视和调整。

2. 价值观多元化的特点和影响

（1）个体差异的凸显

价值观的多元化使得不同个体之间的价值取向产生差异。个体背景、文化背景、教育程度等因素都会影响他们对价值观念的认知和接受程度，从而呈现出多样性和差异性。

（2）社会分化和对立的加剧

价值观多元化带来了社会分化和对立的现象。不同群体和个体对于特定价值观的坚持和表达会引发社会矛盾和冲突，需要通过有效的沟通和理解来促进社会的和谐发展。

（3）个人自由与社会秩序的平衡

多元化的价值观带来了对个人自由和权利的强调，但也要考虑到社会秩序和稳定的维护。思想政治教育需要在个人自由和社会责任之间寻求平衡，培养学生既有自主意识和创新精神，又具备社会责任感和公共利益意识。

（二）社会媒体和信息爆炸

社交媒体和信息技术的发展为思想政治教育带来了新的挑战。学生在网络上接触各种信息和观点，存在信息的真实性和可信度问题。思想政治教育需要培养学生辨别信息的能力，提升他们的媒体素养，以应对信息爆炸的挑战。

1. 信息真实性和可信度问题

（1）虚假信息的泛滥

社交媒体平台上存在大量虚假信息、谣言和误导性内容，这给学生带来了困扰。学生缺乏辨别虚假信息的能力，容易受到错误信息的误导。

（2）信息过滤和筛选难度

社交媒体上的信息源丰富多样，学生很难准确地辨别信息的真实性和可信度。他们需要学会运用媒体素养来对信息进行筛选和分析。

2. 信息过载和注意力分散

（1）信息的过载

社交媒体平台上充斥着大量信息，学生在获取信息时往往面临信息过载的困扰。他们需要学会处理和筛选信息，从中提取出有价值的内容。

（2）注意力分散

社交媒体的使用常常导致学生的注意力分散，难以集中精力进行深入思考和学习。思想政治教育需要培养学生有效管理自己的注意力和时间，避免沉迷于社交媒体的浮躁氛围中。

3. 个人隐私和网络安全问题

（1）数据泄露和隐私侵犯

社交媒体平台对个人信息的收集和使用引发了隐私保护问题。学生需要意识到个人隐私的重要性，并学会保护自己的隐私不受侵犯。

（2）网络安全威胁

社交媒体平台存在网络安全威胁，如网络欺凌、个人信息被盗用等。思想政治教育需要提醒学生关注网络安全问题，培养他们正确使用网络和保护自己免受网络威胁的意识。

（三）人文科技的冲突和融合

传统的人文学科与科技学科之间存在一定的冲突和融合问题。思想政治教育需要与科技教育相结合，培养学生具备科技应用和人文关怀相结合的能力，以适应科技与人文的快速发展和交叉影响。

1. 冲突与对立

（1）价值观冲突

人文学科注重人类的文化、价值观念和道德伦理，而科技发展常常涉及伦理、隐私和权益等问题，从而引发与人文价值观的冲突。例如，人工智能、生物科技等新兴领域的发展引发了道德和伦理的讨论，需要思想政治教育引导学生在科技发展中思考伦理和道德的问题。

（2）技术主导

科技的迅猛发展常常引起人们对人文学科价值的忽视，技术主导的思维模式成为社会发展的主导力量，人文关怀和人文精神被边缘化。思想政治教育需要通过教学实践和课程设计，强调人文关怀和人文精神的重要性，引导学生在科技发展中保持人文关怀的态度。

2. 融合与互补

（1）科技促进思想政治教育

科技的发展为思想政治教育提供了新的工具和平台。例如，网络和社交媒体可以促进学生之间的交流和信息共享，拓宽了思想政治教育的教学方式和内容。

（2）科技与人文关怀相结合

科技与人文关怀并非对立，而是可以相互融合和互补的。科技的应用可以为人文学科提供更多数据和分析工具，帮助人文学科的研究更具深度和广度。同时，人文学科可以为科技发展提供伦理和道德的引导，关注科技对人类社会和个体生活的影响。

（四）全球化和国际交流

全球化使得不同国家和文化之间的交流更加频繁和紧密。思想政治教育需要培养学生具有全球视野和国际交流能力，使他们能够理解和尊重不同文化和价值观念，以应对全球化背景下的机遇和挑战。

1. 全球化背景下的挑战

（1）文化冲突和价值观碰撞

全球化使得不同文化和价值观之间的接触和碰撞更加频繁，从而导致文化冲突和价值观碰撞的问题。思想政治教育需要培养学生具有包容性和尊重多元性的意识和能力，使他们能够理解和平衡不同文化之间的差异，以促进文化的交流和融合。

（2）跨文化交流的困难

全球化背景下，国际交流和合作成为常态。然而语言、价值观念、社会习俗等方面的差异，使得学生难以顺利进行跨文化交流。思想政治教育需要培养学生的跨文化沟通和合作能力，提高他们的文化敏感性和适应能力。

（3）全球问题的复杂性

全球化带来了许多全球性问题，如环境保护、气候变化、贫富差距等。这些问题需要跨国合作和共同解决，而思想政治教育需要培养学生对全球问题的关注和理解，增强他们的全球意识和全球责任感。

2. 国际交流的重要性和机遇

（1）丰富知识和经验

国际交流使学生能够接触不同文化的知识和经验，拓宽他们的视野和认知范围。通过与国际学生的交流，学生可以了解其他国家的历史、政治、经济、文化等方面的信息，培养他们全球视野和跨文化的理解能力。

（2）培养国际背景和国际竞争力

全球化时代，具备国际背景和国际交流经验的学生更具竞争力。国际交流可以培养学生的跨文化沟通能力、团队合作能力和领导能力，提高他们在国际舞台上的竞争力和适应能力。

（3）探索国际合作与共同发展

国际交流为各国之间的合作和共同发展提供了契机。学生通过国际交流，可以了解其他国家的发展模式和经验，促进不同国家之间的互学互鉴，为未来的国际合作和共同发展打下基础。

(五)教育体制和评价机制的改革

传统的教育体制和评价机制注重知识和成绩的量化,忽视了思想政治教育的培养目标和过程。思想政治教育需要与教育体制和评价机制的改革相结合,重视学生的思想品德、创新能力和社会参与等方面的发展,以全面评价学生的综合素质。

1. 教育体制的改革

传统的教育体制往往注重知识的灌输和考试成绩的评价而忽视学生的综合素质和能力的培养。为了适应当代社会的需求和挑战,思想政治教育需要进行以下改革:

(1)从知识传授到能力培养

传统的教育体制过于注重知识的传授和掌握,但知识本身并不足以满足学生在现实生活中面对复杂问题时所需的能力。思想政治教育应将培养学生的思辨能力、创新能力、批判性思维和问题解决能力等纳入教育目标。通过启发式教学、案例分析、团队项目等方式,激发学生的创新思维,培养他们获取、评估和应用信息的能力,使他们能够运用所学知识解决实际问题。

(2)强调个性化教育

传统的教育体制往往采用"一刀切"的教学方式而忽视学生的个体差异和需求。思想政治教育应注重发现和培养学生的特长与潜能,关注他们的兴趣、价值观和学习风格。个性化教育应提供多样的学习路径和资源,鼓励学生积极参与学习过程,根据他们的需求和能力进行差异化的指导和支持。

(3)提倡跨学科教育

在传统的教育体制中,学科划分明确,学科之间缺乏交叉和融合。然而,在思想政治教育中,跨学科的综合知识和能力是必要的。教育体制应鼓励不同学科之间的协作与融合,为学生提供多样化的学科学习和实践机会。通过跨学科的学习体验,学生能够理解问题的复杂性,形成综合素质和跨学科思维能力,为解决当代社会的复杂问题做好准备。

(4)强调社会参与和实践

传统的教育体制往往注重将学生局限在课堂内而忽视他们在社会实践中的学习和成长。思想政治教育应与社会实践相结合,使学生能够将学到的知识和价值观念应用于实际中。通过参与社会服务、志愿活动、社团组织等,学生能够深入了解社会问题,锻炼社会参与和解决问题的能力,培养社会责任感和公民意识。

在教育体制的改革中,教育政策制定者、学校管理者和教师等各方都发挥着重要作用。政策制定者应制定相关政策,支持和鼓励教育体制改革的实施。学校管理者应提供资源和支持,为教师创造创新的教学环境和条件。教师需要不断提升自己的专业素养,灵活运用教学方法和手段,促进学生的综合素质发展。

2. 评价机制的改革

传统的评价机制往往以考试成绩为核心而忽视对学生综合素质和能力的评价。为了更好地反映学生的发展情况和能力水平,思想政治教育需要进行以下改革:

（1）综合评价学生的综合素质

传统的评价机制过于注重学生的学习成绩而忽视他们的思想品德、创新能力、社会参与等方面的发展。思想政治教育的评价应更加注重学生的全面发展，采用多元化的评价方式。除了考试成绩，还应考虑学生的课堂表现、社会实践活动、项目作品等方面的表现。通过综合评价，教师可以全面了解学生的综合素质和能力。

（2）引入个人发展档案

个人发展档案是一种记录学生学习、发展和成长的评价工具。它不仅包括学生的学习成绩，还记录了他们在学校内外的各种活动和项目参与情况。个人发展档案有助于学生了解自己的成长过程和发展轨迹，同时为教师和家长提供了更全面的评估依据。通过建立个人发展档案，教师可以更好地评价个人素质和发展潜力。

（3）强调过程评价

传统的评价机制往往过于关注结果而忽视学习过程的重要性。思想政治教育的评价应注重学生的学习过程，包括思考、探索、实践等环节的评估。通过观察学生的学习方式、思维能力和解决问题的能力，可以更准确地评价他们的学习动态和能力发展。过程评价不仅关注学生的结果，更注重他们在学习过程中的积极性、创造性和合作精神。

（4）建立多元化评价体系

传统的评价机制往往只采用单一的评价方式，缺乏多样性和综合性。思想政治教育的评价应建立多元化的评价体系，包括定性和定量评价相结合，以及不同角色的评价参与，如教师评价、同伴评价和自我评价等。多元化的评价体系可以更全面地了解学生的学习情况和发展水平，促进他们全面发展。

在评价机制的改革中，需要教育政策制定者、学校管理者、教师和家长等各方共同努力。政策制定者应制定相关政策和指导方针，鼓励学校创新评价机制。学校管理者应提供资源和支持，鼓励教师在评价方面的创新实践。教师应不断提升自身的评价能力，灵活运用不同的评价方式和工具。家长应积极参与评价过程，了解孩子的发展情况，并与学校和教师密切合作，共同关注学生的全面发展。

面对这些挑战，创新思想政治教育的方式和方法至关重要。需要通过教学内容的更新与创新、教学方法的多样化、教师专业素养的提高以及教育体制的改革等方面的努力，不断适应和应对当代社会的变化和需求。

第三节 创新思想政治教育的重要性与意义

一、创新思想政治教育的价值与意义

（一）提升学生的综合素质

1. 培养批判性思维能力

创新思想政治教育可以培养学生的批判性思维能力。通过引导学生主动思考、质疑和分析问题，他们形成独立思考和判断的能力。这有助于学生形成独立思考的习惯，不盲从、不信口开河，能够理性思考问题，更好地适应社会变革和挑战。

培养问题意识。创新思想政治教育应该引导学生关注社会问题和现实挑战，激发他们对问题的敏感性和思考意识。通过引导学生提出问题、分析问题、追问问题，他们形成批判性思维和质疑精神。

培养分析能力。创新思想政治教育应该培养学生分析问题的能力，包括梳理问题背后的原因、因果关系、多方面因素等。学生需要学会收集、整理和评估信息，运用逻辑和证据进行分析和推理，从而形成准确的判断和深入的思考。

培养评价能力。创新思想政治教育应该培养学生评价观点和论证的能力。学生需要能够辨别信息的可靠性和权威性，评估不同观点的合理性和可行性，形成自己独立的判断和评价标准。

2. 培养创新精神和能力

创新思想政治教育可以培养学生的创新精神和能力。通过鼓励学生独立思考和解决问题，激发他们的创造力和创新意识。这有助于学生发展独立思考、创新设计和解决实际问题的能力，成为具有创新精神的社会创造者和领导者。

激发创造力。创新思想政治教育应该激发学生的创造力。通过鼓励学生提出新观点、提供新解决方案、发展新理论等，激发他们的创造力和创新思维。学生需要学会从多个角度思考问题，寻找新的思路和方法。

培养解决问题的能力。创新思想政治教育应该培养学生解决问题的能力。学生需要学会分析和定义问题，制定解决方案，并在实践中不断调整和改进。这有助于学生在面对现实问题时能顺利解决，推动社会的进步和发展。

3. 培养社会参与能力

创新思想政治教育可以培养学生的社会参与能力。通过引导学生了解社会问题、参与社会实践和公益活动，他们形成社会责任感和公民意识。这有助于学生发展积极的社会参与意识，关注社会问题，主动参与社会改革和公益事业，为社会发展贡献力量。

培养社会责任感。创新思想政治教育应该培养学生的社会责任感。学生需要了解社会问题、关注弱势群体、尊重人权和公正等，从而形成对社会的责任感和使命感。他们应该认识到自己的行动和选择对社会和他人的影响，并主动参与社会改革和公益事业。

培养团队合作能力。创新思想政治教育应该培养学生的团队合作能力。通过组织项目活动、团队作业等方式，培养学生的沟通、协作、领导和人际关系管理能力。学生需要学会在团队中与他人合作、共同解决问题，并充分发挥自己的优势，实现团队目标。

4. 培养跨文化意识

创新思想政治教育可以培养学生的跨文化意识。通过引导学生了解和尊重不同文化、价值观和信仰，他们形成跨文化交流和合作能力。这有助于学生增强国际视野，培养全球公民意识，适应全球化时代的发展和挑战。

增强文化理解。创新思想政治教育应该增强学生对不同文化的理解和尊重。学生需要学会欣赏和包容不同的文化传统、价值观和习俗。他们应该具备文化相对主义意识，认识到文化差异并学会在不同文化背景下与他人进行有效的交流和合作。

培养跨文化交流能力。创新思想政治教育应该培养学生的跨文化交流能力。通过提供国际交流和合作的机会，学生可以接触不同国家和文化的人们，学习他们的思维方式、价值观和传统。学生需要学会跨越语言和文化障碍，以开放和尊重的态度与他人交流，建立跨文化的沟通桥梁。

培养全球公民意识。创新思想政治教育应该培养学生的全球公民意识。学生应该认识到他们是全球社会的一员，应该承担维护全球和平、促进可持续发展的责任。他们需要关注全球问题，了解全球化对不同国家和地区的影响，并主动参与全球事务，为构建和谐、包容、可持续的世界贡献力量。

通过培养学生的综合素质，创新思想政治教育可以帮助他们在面对复杂多变的社会现实时更好地适应和发展。学生将具备批判性思维能力，能够独立思考和判断，对信息进行评估和分析。他们将具备创新精神和解决问题的能力，能够面对挑战并提出创新的解决方案。同时，他们将具备社会参与能力，关注社会问题并积极参与社会改革和公益事业。最重要的是，他们将具备跨文化意识和全球公民意识，能够与不同文化背景的人进行有效的交流和合作，为构建一个更加包容、和谐和可持续的社会做出贡献。

（二）推动社会进步和发展

1. 培养社会责任感

培养学生的社会责任感。创新思想政治教育通过引导学生了解社会问题、分析问题的根源和影响，培养他们的社会责任意识和道德判断力。这有助于学生形成正确的价值观和道德观，关注社会问题，主动承担社会责任，推动社会的公平正义和可持续发展。

引导学生了解社会问题的重要性。创新思想政治教育可以通过引导学生认识到社会问题的紧迫性和影响，培养他们对社会问题的关注和责任感。教育可以采用案例分析和实地考察等方式，使学生深入了解贫困、环境破坏、人权等社会问题，意识到这些问题对人类社会的发展和幸福感造成的影响。

培养学生的社会参与意识。创新思想政治教育可以通过引导学生参与社会实践和公益活动，培养他们的社会参与意识和行动能力。学校可以组织社会实践活动、志愿者服务等，让学生亲身体验社会问题，并通过参与解决问题的实践，增强他们的社会责任感和参与意识。

2. 培养领导能力

培养学生的领导能力。创新思想政治教育可以通过培养学生的自信心、沟通能力、团队合作和决策能力，使他们能够成为有效的领导者。这有助于学生在组织、团队和社会中发挥积极的影响力，引领他人朝着积极的方向发展。

培养学生的自信心和沟通能力。创新思想政治教育可以通过培养学生的自信心和沟通能力，使他们能够在团队合作和领导中发挥积极作用。学校可以开展演讲比赛、团队合作项目等活动，培养学生的表达能力和团队协作能力，同时鼓励他们在团队中担任领导角色，锻炼领导能力。

培养学生的决策能力。创新思想政治教育可以通过培养学生的决策能力，使他们能够在面对挑战和问题时做出明智决策。学校可以引入决策模拟和辩论赛等活动，让学生在模拟的情境中学习决策的过程和方法，培养他们的分析能力和决策能力。

3. 促进社会公平与和谐

促进社会公平与和谐。创新思想政治教育可以通过培养学生的平等意识、尊重他人和包容性思维，使他们能够推动社会公正和减少社会分化。这有助于学生成为具有社会良知的公民，致力于促进社会的和谐稳定和人与自然的和谐共生。

培养学生的平等意识和尊重他人。创新思想政治教育可以通过教育教材和案例分析，培养学生的平等意识和尊重他人。教育可以引导学生认识到每个人都应该受到平等对待，并学会尊重他人的不同观点、文化和背景，避免产生歧视和偏见。

培养学生的包容性思维和解决冲突的能力。创新思想政治教育可以通过引导学生学习包容性思维和解决冲突的技巧，促进社会的和谐发展。教育可以提供案例和角色扮演等活动，让学生学会倾听和理解他人的观点，以建设性的方式解决冲突，并推动社会的和谐发展。

4. 培养国家未来发展的栋梁之材

培养学生成为国家未来发展的栋梁之材。创新思想政治教育可以通过培养学生的思想品德、创新能力和社会责任感，使他们成为有担当、有理想和有能力的人才。

培养学生的创新和创造能力。创新思想政治教育可以通过鼓励学生的创新和创造，培养他们在各个领域展现才华和创造力。学校可以提供创新创业课程和竞赛活动，鼓励学生进行创新性的项目和研究，培养他们的问题解决能力和创新思维，使其在未来能够推动社会的进步和发展。

培养学生的全球视野和国际交流能力。创新思想政治教育可以通过引导学生关注全球事务，培养他们的全球视野和国际交流能力。学校可以开设国际交流项目和课程，鼓励学生参与国际性的学术、文化和社会交流活动，使他们能够了解不同国家和文化的发展现状，培养跨文化交流和合作的能力，为国家的国际交往做出贡献。

通过培养批判思维能力、创新精神和能力、社会参与能力以及跨文化意识，学生能够成为具有良好道德品质、社会责任感和领导能力的公民。他们将推动社会的进步和发展，促进社会的包容和多样，提升国家的综合实力和国际影响力。最终，他们将成为国家未来发展的栋梁之材，为社会的繁荣和可持续发展做出积极的贡献。

二、创新思想政治教育的重要影响

（一）学生个体层面的重要影响

1. 发展综合素质和能力

创新思想政治教育注重培养学生的综合素质和能力，包括思辨能力、批判性思维、创新能力、领导能力、沟通能力等。这有助于学生更加灵活和有针对性地应对问题和挑战，具备解决问题、创新和领导的能力。

2. 培养全球视野和跨文化交流能力

创新思想政治教育鼓励学生具备全球视野和跨文化交流能力，使他们能够了解和尊重不同国家和文化的观念、价值观和思维方式。这有助于打破地域和文化的局限，增强学生的国际竞争力和适应能力。

3. 培养公民意识和社会责任感

创新思想政治教育注重培养学生的公民意识和社会责任感，使他们具备关注社会问题、参与社会事务和推动社会进步的意识和能力。这有助于学生主动关注社会发展和社会公益，成为具有社会责任感的公民。

4. 培养创新精神和创业能力

创新思想政治教育注重培养学生的创新精神和创业能力，使他们能够在知识经济和创新驱动的时代脱颖而出。这样的培养有助于激发学生的创造力和创新能力，使他们成为具有创业意识和创新能力的人才。

5. 培养社会参与和领导能力

创新思想政治教育鼓励学生积极参与社会实践和社团活动，培养他们的领导能力和团队合作精神。这样的培养使学生能够在团队中发挥作用，提升组织和领导能力，同时形成社会责任感和公民意识。

（二）社会层面的重要影响

1. 推动社会进步和发展

提升社会创新能力。创新思想政治教育培养学生的创新能力，鼓励他们勇于思考和质疑，挑战传统观念和思维模式。这种创新精神激发了学生对社会问题的关注和解决，他们能够提出新的思想和观点，探索新的解决方案，推动社会的创新和进步。

培养社会参与意识和能力。创新思想政治教育注重培养学生的社会参与意识和能力，使他们认识到自己作为公民的责任和义务。学生通过参与社会实践、志愿活动和社区服务等方式，积极参与社会事务，为社会发展和改善做出贡献。他们关注社会问题、发起公益项目、倡导社会变革，推动社会的公平、正义和可持续发展。

培养领导能力和团队合作精神。创新思想政治教育注重培养学生的领导能力和团队合作精神。学生通过参与学校组织、社团活动和团队项目等，锻炼自己的领导才能和团队合作能力。他们学会有效沟通、协调合作、解决问题，能够带领团队共同实现目标，推动社会组织和机构的发展与创新。

推动社会变革和政策制定。创新思想政治教育培养学生对社会问题的深入思考和分析能力，使他们具备参与社会变革和政策制定的能力。学生能够就重要社会议题发表见解、提出建议，并与政府、组织和社会各界合作，推动相关政策的制定和改进。这有助于解决社会问题，推动社会的变革和发展。

培养创业精神和经济发展。创新思想政治教育注重培养学生的创业精神和经济意识。学生通过创新思维和创业教育的培养，能够识别商机、制订商业计划、开展市场营销，成为创业者和创新者。他们的创新创业活动促进了经济的发展和就业的增长，为社会创造更大价值和更多财富。

创新思想政治教育通过培养学生的创新能力、社会参与意识和领导能力，推动了社会的创新、进步和发展。学生积极参与社会事务，提出新的思想和观点，推动社会变革和政策制定。他们的创新创业活动促进了经济的发展和就业的增长，为社会带来更多福祉和发展机遇。因此，创新思想政治教育的重要影响对于社会的进步和发展具有重要意义。

2. 增强社会的包容性和多样性

尊重和包容多元文化。创新思想政治教育通过教授多元文化的知识，培养学生尊重和欣赏不同文化的能力。学生通过学习不同文化的历史、传统、价值观和习俗，能够更好地理解和尊重他人的文化差异，避免产生偏见和歧视。这有助于促进不同文化之间的相互理解与和谐共处。

培养跨文化交流能力。创新思想政治教育注重培养学生的跨文化交流和合作能力。学生通过参与跨文化的交流活动、国际交流项目等，与来自不同文化背景的人进行交流和合作。这锻炼了他们的跨文化沟通和理解能力，使他们能够有效地与他人合作、解决问题，促进文化间的交流和融合。

培养多元思维和创新能力。创新思想政治教育鼓励学生开阔思维，接受和尊重不同的观点和思考方式。学生通过批判性思维、逻辑思维和创造性思维的培养，能够独立思考、分析问题、提出新的观点和解决方案。这有助于促进社会的创新和进步，为社会发展提供多样化的思路和方法。

减少文化冲突和社会分裂。创新思想政治教育的核心理念是尊重和包容，强调多元文化和多元价值观的存在。这种教育使学生更能理解和容纳不同文化之间的差异和冲突，减少文化冲突的发生，促进社会的和谐稳定。此外，通过培养学生的包容性和多样性意识，减少社会分裂和对立，为社会建立更加和谐和统一的价值共识。

创新思想政治教育通过培养学生的跨文化交流能力、多元思维和创新能力，促进了社会的包容性和多样性。学生尊重和包容不同文化、价值观和观点，能够更好地理解和尊重他人的文化差异，促进文化间的交流和融合。这有助于减少文化冲突和社会分裂，推动社会的和谐稳定和发展。因此，创新思想政治教育的重要影响对于社会的包容性和多样性具有重要意义。

3.培养具有社会责任感的公民

强调公民意识的培养。创新思想政治教育致力于培养学生的公民意识，使他们认识到自己作为社会成员的责任和义务。学生通过学习社会伦理、公民权利和责任等方面的知识，了解社会结构、法律制度以及公民在社会中的角色和责任。这有助于激发学生的社会责任感和参与意识，使他们积极参与社会事务，为社会做出贡献。

培养道德品质和价值观。创新思想政治教育注重培养学生的道德品质和价值观，使他们具备正确的道德判断和行为准则。学生通过学习伦理道德的基本原则和案例分析等，形成自身的道德观念和行为准则。这有助于他们在日常生活和社会交往中秉持正确的道德标准，表现出社会责任感和道德行为，为社会树立榜样。

激发社会参与和公益精神。创新思想政治教育鼓励学生积极参与社会事务和公益活动，形成社会参与能力和公益意识。学生通过参与社会实践、志愿服务和社团活动等，亲身体验社会问题和困难，认识到自己的力量和责任。这有助于激发他们的公益精神和社会参与意识，通过实际行动改善社会状况，推动社会的进步和发展。

培养批判性思维和社会批判能力。创新思想政治教育注重培养学生的批判性思维和社会批判能力，使他们能够客观、理性地分析社会问题和现象。学生通过学习思辨能力和社会分析的方法，形成独立思考和判断的能力。这有助于他们对社会问题进行深入思考和批判，为社会的发展提供创新的观点和解决方案。

创新思想政治教育通过培养学生的公民意识、道德品质和价值观，激发他们的社会责任感和参与意识，使他们成为具有社会责任感的公民。他们具备正确的道德标准和行为准则，积极参与社会事务和公益活动，为社会的进步和发展做出贡献。这有助于提升社会的道德水平、增强社会的信任度，推动社会的良好发展。

4.提升国家的综合实力和国际影响力

培养全球视野和国际交流能力。创新思想政治教育注重培养学生的全球视野和国际交流能力，使他们能够理解和尊重不同文化和价值观念，具备跨文化沟通和交流的能力。这有助于他们在国际交往中能够更好地代表国家，促进国际合作与交流，提升国家国际影响力。

培养领导才能和创新思维。创新思想政治教育注重培养学生的领导才能和创新思维，使他们具备独立思考和解决问题的能力。这有助于他们在国际事务中提出新的思想和观点，推动国际合作与创新，为国家的发展和国际事务的解决做出有益贡献。

培养国际视野和战略思维。创新思想政治教育注重培养学生的国际视野和战略思维，使他们能够深入了解国际形势和国际关系，具备战略思考和决策能力。这有助于他们在国际事务中制定合理的战略和政策，增强国家的综合实力和国际竞争力。

培养国际人才和外交人员。创新思想政治教育为国家培养具有国际视野和外交能力的人才，他们能够胜任国际交往和外交工作。这有助于国家在国际舞台上派遣合适的外交人员，代表国家参与国际事务，提升国家的国际形象和影响力。

创新思想政治教育通过培养学生的全球视野、国际交流能力、领导才能和创新思维，使他们成为具有国际影响力的人才。他们能够在国际交往中展示国家的良好形象，促进国际合作与创新，提升国家的综合实力和国际影响力。这有助于国家在国际事务中发挥积极作用，为国家的发展和国际事务的解决做出贡献。

创新思想政治教育对学生个体和社会都产生重要影响。在个体层面，它培养学生的综合素质和能力，使他们具备全球视野、创新能力、社会责任感和领导能力等。在社会层面，它推动社会进步和发展，增强社会的包容性和多样性，培养具有社会责任感的公民，提升国家的综合实力和国际影响力。因此，创新思想政治教育具有重要的价值与意义，对个体、社会和国家都产生深远影响。

第四章 思想政治教育创新的理论框架

第一节 创新思想政治教育的基本原则

一、创新思想政治教育的基本原则概述

（一）学生中心原则

学生中心原则是一种教育理念和实践方法，将学生置于教育活动的中心地位，关注他们的个体差异和需求，以满足其学习和发展的需要。这一原则的理论依据主要来自教育心理学中的个体差异理论和社会认知理论。

1. 教育心理学中的个体差异理论

个体差异理论认为每个学生都具有独特的背景、兴趣和学习风格，需要个性化的教育方式。根据学生的个体差异，教育者可以采用不同的教学方法和策略，更好地满足学生的学习需求。例如，有些学生更适应通过视觉方式学习，而有些学生则更倾向于通过听觉或运动方式学习。因此，学生中心原则强调教育者应关注学生的个体差异，为每个学生提供个性化的学习支持和指导。

2. 社会认知理论

社会认知理论强调学生通过参与、互动和自主学习来构建知识和发展能力。根据这一理论，学习不再是被动地接受知识，而是通过积极参与和与他人的互动，学生能够主动地探索、理解和应用知识。因此，学生中心原则强调学生的主动参与和发展。教育者应鼓励学生思考、提问和探索，提供学习机会和环境，以促进学生的自主学习和发展。

（二）综合发展原则

综合发展原则是一种教育理念和实践方法，强调培养学生的全面素质和综合能力。这一原则的理论依据主要来自教育学中的全人教育理念和人本主义教育理论。

1. 全人教育理念

全人教育理念认为教育应该关注学生的智力、情感、社交和道德等方面的发展。教育者应关注学生的身心健康、情感表达和人际关系等方面的发展。这一理念认为学生的综合发展是教育的目标，而不仅仅是知识和技能的传授。教育者应通过提供多样化的学习机会

和活动，培养学生的认知、情感、社交和道德等方面的能力，促进学生全面成长和发展。

2.人本主义教育理论

人本主义教育理论主张培养学生的个人素质和创造力，关注学生的兴趣、需求和个体差异。该理论强调教育应以学生为中心，尊重和关注学生的主体性和独特性。教育者应提供积极的学习环境和支持，鼓励学生自主学习和创造性表达，培养他们的创新思维、解决问题的能力和挖掘自我实现的潜能。

（三）实践导向原则

实践导向原则是一种教育理念和实践方法，强调将学习与实践相结合，注重学生在实际问题中的应用能力和创造性思维。这一原则的理论依据主要来自建构主义学习理论和社会认知理论中的情境学习理论。

1.建构主义学习理论

建构主义学习理论认为学习是通过主动参与实践活动来建构知识和理解。根据这一理论，学生通过与现实情境的互动和探索，主动构建自己的知识结构和理解模式。实践活动提供了学生应用知识、解决问题和进行创造性思维的机会，促进了学习的深入和实际应用。实践导向原则强调教育者应设计具有意义和挑战性的实践任务，激发学生的主动学习和创造性思维。

2.社会认知理论中的情境学习理论

情境学习理论强调学生在真实情境中的学习和发展。根据这一理论，学生通过参与具体的社会活动和实践任务，从中获得知识、技能和经验。实践导向原则强调教育者应提供具有真实意义和社会联系的学习情境，让学生在社会实践和问题解决过程中获得丰富的学习经验和实践能力。

（四）跨学科整合原则

跨学科整合原则是一种教育理念和实践方法，旨在将不同学科的知识和方法整合，培养学生的综合能力和解决复杂问题的能力。这一原则的理论依据主要来自教育学中的综合课程理念和系统思维理论。

1.教育学中的综合课程理念

综合课程理念主张通过跨学科的教学活动，培养学生的综合素养和解决实际问题的能力。传统的学科划分往往将知识分割成不同的学科领域，而综合课程理念则将学科知识整合为一个有机的整体，使学生能够跨越学科边界，掌握不同学科的知识和技能，并将其应用于实际问题的解决中。通过综合课程的设计和实施，学生能够形成跨学科思维和综合分析的能力，从而更好地应对复杂的现实情境和挑战。

2.系统思维理论

系统思维理论强调整体性思维和综合性分析，帮助学生理解问题的复杂性和相互关联性。在传统学科分割的教育环境中，学生只了解和掌握某个学科领域的知识，缺乏对整体系统的认知和理解。系统思维理论鼓励学生从整体的角度去思考问题，将学科知识和方法整合起来，形成综合性的分析问题和解决问题的能力。通过运用系统思维，学生能够看到问题的多个方面和相互关系，寻找解决问题的综合性策略，形成综合能力和创新能力。

（五）反思和批判原则

反思和批判原则是一种教育理念和实践方法，旨在培养学生的批判性思维和独立思考能力。该原则的理论依据主要来自反思性教育理论和批判性思维教育理论。

1. 反思性教育理论

反思性教育理论认为学生通过反思能够深入理解自己的观点和行为，并从中获得学习和成长。反思是指对自身思维、情感和行为进行内省和分析的过程。通过反思，学生能够意识到自己的偏见、盲点和错误，并主动寻求改进和发展。反思性教育注重培养学生的自我意识和元认知能力，使他们能够审视和评估自己的学习和思考过程，从而提高学习效果和个人成长。

2. 批判性思维教育理论

批判性思维教育理论主张培养学生的批判性思维能力，使他们能够质疑和分析不同观点和信息。批判性思维是指对信息和观点进行深入分析、评估和辩论的能力。通过批判性思维，学生能够辨别信息的可靠性和偏见，识别逻辑错误和推理缺陷，并提出合理的反驳和解决方案。批判性思维教育注重培养学生的逻辑推理能力、信息鉴别能力和论证能力，使他们成为独立思考、质疑权威和寻求真理的能动者。

（六）全球视野原则

全球视野原则是一种教育理念和实践方法，旨在培养学生的跨文化意识和国际视野。该原则的理论依据主要来自跨文化教育理论和全球教育理论。

1. 跨文化教育理论

跨文化教育理论认为学生应该了解和尊重不同文化背景和价值观，培养跨文化交流和合作能力。在全球化社会中，不同文化之间的交流与合作变得日益密切。跨文化教育强调培养学生的文化敏感性、跨文化沟通能力和包容性思维。通过了解不同文化的历史、传统、价值观和行为习惯，学生能够建立跨文化的共识和信任，促进文化多样性的尊重和和谐发展。

2. 全球教育理论

全球教育理论主张培养学生的全球公民意识和国际合作能力，使他们能够理解和应对全球性的问题和挑战。全球化进程带来了全球性的挑战，如气候变化、贫穷、人权等，这些问题需要全球范围内的合作和解决方案。全球教育强调培养学生的全球意识、全球责任感和全球视野，使他们能够关注全球问题、积极参与全球事务，并通过合作和创新解决全球性问题。

二、具体的创新原则和指导原则

（一）创新思想政治教育的创新原则

1. 探索性学习原则

探索性学习原则强调学生主动探索和发现知识。教师应该创造一个开放的学习环境，鼓励学生提出问题、展开调查研究、进行实验和探索，从而培养他们的探索精神和自主学习能力。通过这种方式，学生可以更深入地理解和应用所学知识，形成解决问题的能力和创新性思维。

问题导向。教师可以引导学生提出问题，并激发他们对问题的兴趣和好奇心。学生通过调查、分析和解决问题，深入探索相关的知识领域。

实践性学习。学生通过实践活动，如实验、实地考察、社区参与等，积极参与到学习中，将理论知识与实际问题相结合。

2. 联系实际原则

联系实际原则强调将学习与学生的实际生活和社会实践相结合。教师应该通过引入真实的案例、问题和情境，使学生将所学的知识应用于实际问题的解决，培养他们的实际应用能力和解决问题的能力。

问题导向。教师可以选择与学生生活和社会实践相关的问题，引导学生将所学的知识和概念应用于问题的分析和解决。

案例研究。通过引入真实的案例，使学生从实际情境中学习和分析，形成问题解决能力和实践能力。

3. 参与性原则

参与性原则强调学生的主动参与和合作，通过课堂讨论、小组合作、社会实践等形式，促使学生积极参与思考、互动和合作，培养他们的合作精神和团队合作能力。

小组合作。教师可以组织学生进行小组合作学习，通过小组讨论、合作研究等形式，激发学生的合作精神和团队合作能力。

社区参与。学生通过参与社区服务、志愿者活动等形式，与社区和社会互动，锻炼社会参与和合作能力。

4. 多样性原则

多样性原则强调教育的个性化和差异化，通过充分考虑学生的兴趣、能力和学习风格，提供多样化的学习资源和活动，满足学生的不同需求，激发他们的学习动力和创造力。

个性化学习。教师可以根据学生的个体差异，提供个性化的学习支持和指导，鼓励学生根据自身兴趣和特长进行深入学习和研究。

多元化评估。教师可以采用多种评估方法，如项目作业、口头报告、学习日志等，更全面地评估学生的学习成果和能力。

5. 融合性原则

融合性原则强调将不同学科的知识和方法相融合。教师应该通过跨学科的教学和研究活动，培养学生的综合能力和综合思维能力，帮助他们理解问题的复杂性和相互关联性。

跨学科项目。教师可以设计跨学科的项目活动，使学生整合不同学科的知识和方法，解决复杂的问题。

综合性思维。教师通过引导学生进行综合性思考和分析，帮助他们理解问题的多维性和相互关联性，培养综合思维和系统思维能力。

创新思想政治教育的创新原则为教育实践提供了指导，旨在培养学生的创新能力、综合能力和解决问题的能力。这些原则的理论依据包括教育心理学、教育学和教育理论等领域的相关理论。

（二）创新思想政治教育的指导原则

1. 全面发展原则

创新思想政治教育应注重学生的全面发展。这一原则强调培养学生的思想品德、学科能力、创新能力和社会责任感等综合素质，使其在各方面得到发展。

思想品德教育。教育者可以通过引导学生树立正确的价值观和道德观，培养学生的社会责任感和公民意识，使其具备良好的思想品德。

学科能力培养。教育者应注重学科知识的传授和学习方法的指导，培养学生的学科能力，使其具备扎实的学科基础和学习能力。

创新能力培养。教育者可以通过启发学生的创造力、培养学生的创新思维和解决问题的能力，引导学生在学习和实践中展现创新能力。

2. 激发潜能原则

创新思想政治教育应激发学生的潜能和创造力。这一原则强调发掘学生的特长和潜能，通过提供良好的学习环境和个性化的学习支持，激发学生的学习动力和创造力，使其充分发挥自身潜力。

发掘学生的特长和潜能。教育者应关注学生的个体差异和特长，发掘并培养学生的优势和潜能，为学生提供个性化的学习支持和发展机会。

创造积极学习环境。教育者可以创造积极的学习氛围和环境，鼓励学生表达自己的观点和想法，提供具有挑战性和启发性的学习任务，激发学生的学习动力和创造力。

3. 培养批判性思维原则

创新思想政治教育应培养学生的批判性思维能力。这一原则强调培养学生对信息的辨析能力和批判性思维，使其能够独立思考、分析问题、提出合理的观点和判断。

引导学生主动思考和质疑。教育者应鼓励学生提出问题、表达独立观点，并引导他们建立思辨和批判性思维，培养他们的批判性思维能力。

培养信息辨析能力。教育者应引导学生学习如何获取、评估和应用信息，培养学生的信息辨析能力，使其能够辨别信息的真实性和可靠性。

4. 培养社会责任感原则

创新思想政治教育应培养学生的社会责任感。这一原则强调培养学生关注社会问题、关心他人和参与社会公益的意识和能力，使其具备积极的社会责任感和奉献精神。

引导学生关注社会问题。教育者应引导学生关注社会问题，认识到自身与社会的关系，培养学生的社会意识和社会责任感。

提供社会参与机会。教育者可以鼓励学生参与社区服务、志愿者活动等社会参与活动，让学生亲身体验和实践社会责任，培养他们的社会责任感和奉献精神。

5.跨文化交流原则

创新思想政治教育应培养学生的跨文化交流能力。这一原则强调学生了解和尊重不同文化背景和价值观，培养他们的跨文化交流和合作能力，使其具备应对全球多样性和跨文化交流的能力。

跨文化教育。教育者应提供跨文化教育的机会和资源，使学生了解不同文化背景和价值观，培养他们的跨文化交流和合作能力。

跨文化交流活动。教育者可以组织跨文化交流活动，如文化交流访问、国际合作项目等，使学生与来自不同文化背景的学生交流和合作，促进跨文化交流和理解。

这些创新原则和指导原则为创新思想政治教育提供了理论基础和实践指导，帮助教育者在教学过程中更好地引导学生的学习，培养他们的综合素质和能力，以应对复杂的社会挑战和促进个人的全面发展。

第二节 创新思想政治教育的核心策略

一、创新思想政治教育的核心策略概述

创新思想政治教育的核心素养是指在这一教育过程中所培养的关键能力和品质，旨在培养学生成为具有创新思维、批判性思维、实践能力、社会责任感和跨文化意识的个体。

（一）创新思维能力

创新思想政治教育旨在培养学生具备创新思维能力，包括独立思考、问题解决、创造性思维和创新能力。学生应具备探索未知领域的勇气和能力，能够提出新颖的观点和解决方案，推动社会的创新和进步。

1.独立思考能力

学生应具备独立思考的能力，不受传统思维的限制，能够审视问题并提出独到的见解。独立思考能力使学生能够自主地提出问题、发表自己的观点，并在解决问题时展现出自己的创造性思维。

2.问题解决能力

创新思维需要学生具备解决问题的能力。学生能够面对复杂的问题，运用逻辑思维和

创造性思维找到解决方案。他们需要具备分析问题、提出假设、测试和验证解决方案的能力。

3. 创造性思维

创新思维培养学生的创造性思维能力，使他们能够提出新颖的观点和构想。学生能够从不同的角度思考问题，追求独特和富有创造性的解决方案。他们需要敢于冒险、思维灵活，并将自己的创意付诸实践。

4. 创新能力

创新思维教育旨在培养学生的创新能力，使他们能够将创造性思维转化为实际的创新成果。学生需要具备实际操作、实验设计和创新项目的能力，通过实践中的探索和实验来形成创新能力。

通过创新思维能力的培养，学生可以成为有独立思考能力、问题解决能力和创新能力的个体。他们在面对未知领域和复杂问题时，勇于探索和创新，并为社会带来新的思想、观点和解决方案。创新思维能力的培养有助于推动社会的创新和进步，培养具有创新精神的人才。

（二）批判性思维能力

创新思想政治教育注重培养学生的批判性思维能力，使他们能够独立思考、评估信息的可信度、辨析不同观点的优缺点，并做出理性的判断和决策。学生应具备辩证思维和逻辑思维，能够从多个角度思考问题，不被传统观念所束缚。

1. 独立思考能力

学生应具备独立思考的能力，能够超越传统观念和表面现象，深入思考问题的本质和背后的原因。他们能够提出问题、挑战现有的假设，并寻求新的解决方案。

2. 信息评估能力

学生需要具备评估信息可信度和准确性的能力。他们能够辨别虚假信息、偏见和误导，并运用批判性思维来评估不同信息来源的权威性和可靠性。这有助于学生获取准确的知识和信息，避免被误导。

3. 多元观点辨析能力

学生应具备辨析不同观点的能力，能够理解和分析不同观点的优缺点，并从中获得全面的理解。他们能够运用逻辑思维和批判性思维，对不同观点进行评估和比较，从而形成有根据的判断。

4. 辩证思维能力

学生需要形成辩证思维能力，能够从多个角度和层面思考问题。他们能够看到问题的多面性，考虑不同因素之间的相互关系，避免简单的二元对立思维，采取综合的方式分析问题和解决问题。

5. 逻辑思维能力

学生应具备逻辑思维的能力，能够建立逻辑链条和推理过程，从而形成合乎逻辑的观点和结论。他们能够识别和纠正逻辑错误，运用逻辑规则和证据来支持自己的观点。

通过培养批判性思维能力，学生不仅仅接受表面的信息和观点，而且能够深入思考、分析和评估，从而做出理性和明智的决策。这使学生能够更好地适应复杂多变的社会环境，具备创新思维和解决问题的能力，成为具有独立思考能力和批判性思维能力的积极参与者和领导者。

（三）实践能力

创新思想政治教育鼓励学生将所学的知识与实践相结合，注重培养学生的实践能力和问题解决能力。学生应具备在实际情境中应用知识和技能的能力，能够灵活运用所学的理论知识解决实际问题，并具备创新解决问题的能力。

1.应用知识的能力

学生应具备将所学的知识应用到实际情境中解决问题的能力。他们能够理解和识别实际问题，分析问题的本质和要素，并运用所学的知识和概念进行解决。通过应用知识，学生能够将理论转化为实践，更好地理解知识的实际意义和应用价值。

2.创新解决问题的能力

学生应具备创新解决问题的能力，能够从新颖的角度思考问题，并提出独特的解决方案。他们能够跳出传统的思维模式，发现问题的潜在机遇和创新点，并勇于尝试新的方法和策略。创新解决问题的能力有助于学生在面对复杂的挑战和变革时提供创造性的解决方案。

3.实践技能的掌握

学生应具备在实践中运用技能和工具的能力。他们应该熟悉并掌握相关的实践技能，如数据收集与分析、实验设计与操作、团队合作与沟通等。通过实践技能的掌握，学生能够在实际情境中更有效地进行调查研究、实验实践、项目开展等活动，并取得良好的实践成果。

4.团队合作与沟通能力

学生应具备团队合作和沟通的能力，能够与他人合作解决问题，并有效地交流和协调。他们能够有效地与团队成员合作，发挥个人优势，共同实现团队目标。同时，他们还应具备良好的沟通能力，能够清晰地表达自己的观点和想法，并有效地倾听和理解他人的观点。

5.反思与总结能力

学生应具备反思与总结能力，能够从实践中吸取经验教训，并加以总结和应用。他们能够自我评估和反思自己在实践中的表现，认识到自己的优点和不足，并通过反思和总结不断改进和成长。反思与总结能力有助于学生从实践中获得更深入的认识和经验，为未来的实践提供指导和借鉴。

创新思想政治教育通过培养学生的实践能力，使他们在实际问题中应用知识和技能，形成解决问题和创新的能力，并为他们未来的学习和职业发展打下坚实的基础。

（四）社会责任感

创新思想政治教育强调培养学生的社会责任感，使他们意识到自己作为公民的责任和义务。学生应具备关注社会问题、参与社会实践和公益活动的意识和能力，积极为社会发展和改善贡献自己的力量。

1. 关注社会问题的意识

学生应具备关注社会问题的意识，了解社会中存在的不公平、不平等、环境问题等，以及认识到这些问题对个体和社会的影响。他们能够主动获取社会信息，了解社会的发展动态和挑战，并积极思考问题的解决方案。

2. 参与社会实践和公益活动

学生应具备参与社会实践和公益活动的能力和意愿。他们能够主动参与社区服务、志愿者活动、公益项目等，为社会发展和改善做出实际贡献。通过参与实践和公益活动，学生能够深入了解社会问题，增强社会责任感，并提高自己的领导能力和团队合作能力。

3. 培养公民意识和价值观

学生应具备公民意识和价值观，认识到自己作为公民的权利和义务，以及个体与社会之间的相互关系。他们应该理解和尊重法律、道德和伦理规范，并在行为中展现公民的良好品质和责任意识。培养公民意识和价值观有助于学生积极参与社会生活，关注社会问题，并通过合法的途径争取和维护自己的权益。

4. 培养社会关怀和同理心

学生应具备社会关怀和同理心，能够关心他人的需求和困境，并愿意提供帮助和支持。他们应该形成与他人建立良好关系的能力，尊重他人的权利和尊严，并在行为中展现对他人的关心和关爱。通过培养社会关怀和同理心，学生能够更好地理解社会多样性，促进社会的和谐与进步。

5. 培养可持续发展意识

学生应具备可持续发展意识，认识到人与自然的关系和相互依存性，关注环境保护和资源的合理利用。他们应该理解可持续发展的概念和原则，通过自己的行动和选择，积极推动环境的保护和可持续发展。培养可持续发展意识有助于学生成为具有环保意识和责任感的公民，为未来的可持续发展做出贡献。

通过培养学生的社会责任感，创新思想政治教育能够引导学生积极关注社会问题、参与社会实践和公益活动，并成为具有社会责任感和奉献精神的社会成员。这有助于塑造积极向上的社会氛围，推动社会的公平正义和可持续发展。

（五）跨文化意识

创新思想政治教育培养学生具备跨文化意识，能够理解和尊重不同文化背景、价值观和信仰。学生应具备跨文化交流和合作的能力，能够适应多元文化的环境，促进文化的交流与融合。

1. 文化相对主义

学生应树立文化相对主义的观念，认识到不同文化具有其独特性和合理性。他们应该理解每种文化都有其特定的价值观、信仰和行为模式，不同文化之间并无高低优劣之分。培养文化相对主义意识有助于学生摒弃偏见和歧视，构建跨文化的和谐关系。

2. 跨文化交流能力

学生应具备跨文化交流和合作的能力。他们能够有效地与来自不同文化背景的人进行沟通和合作，尊重他们的观点和习俗，积极倾听和理解。学生应培养多语言能力、跨文化沟通技巧和跨文化适应能力，以便在多元文化环境中进行有效的交流。

3. 文化多样性的认知

学生应具备对文化多样性的认知。他们应该了解各种文化的历史、传统、艺术和文学等方面的特点，拓宽自己的文化视野。通过了解不同文化的背景和特点，学生能够增强对文化差异的敏感性和理解力，避免对他人的刻板印象和误解。

4. 文化冲突的解决能力

学生应具备解决文化冲突的能力。跨文化环境中难免会出现文化冲突和误解，学生应掌握解决问题和处理冲突的技巧。他们能够以开放的心态对待不同文化之间的差异，尊重他人的观点和选择，并通过对话、妥协和互惠的方式解决文化冲突。

5. 全球公民意识

学生应形成全球公民意识，认识到全球社会的相互依存性和共同责任。他们应该关注全球性问题，如气候变化、人权、贫困等，并积极参与全球性的倡议和行动。培养全球公民意识有助于学生意识到自己是全球社会的一员，与其他国家和地区的人民共同面对全球挑战。

二、具体的创新策略和方法

（一）创新思维能力的创新策略和方法

1. 设计思维方法

教师可以引导学生运用设计思维方法，如问题定义、用户洞察、头脑风暴、原型制作等，来培养学生的创新思维能力。通过真实场景的设计任务，学生可以思考并提出创新解决方案，发展他们的创造力和创新意识。

（1）问题定义

方法介绍。问题定义是设计思维方法的起点，通过明确和准确地定义问题，为后续的创新解决方案提供基础。教师可以引导学生学习问题定义的技巧，如明确问题的关键词、提出具体的研究问题和设定明确的目标等。

应用案例。举例说明问题定义方法在实际教学中的应用。例如，在一节科学实验课上，教师可以要求学生明确研究的问题，并帮助他们提出明确的假设和实验目标。通过问题定义的过程，学生能够更好地理解实验的目的和意义，为实验设计提供方向。

（2）用户洞察

方法介绍。用户洞察是通过与目标用户的交流和观察，深入了解他们的需求、痛点和行为模式。教师可以指导学生学习如何进行用户研究，如通过访谈、观察和问卷调查等方式收集用户反馈和需求。

应用案例。以一个产品设计任务为例，教师可以要求学生与目标用户进行访谈，了解他们对该产品的需求和期望。通过与用户的互动，学生能够更深入地了解用户的心理和行为特征，为产品设计提供更好的用户体验。

（3）头脑风暴

方法介绍。头脑风暴是一种集思广益的方法，旨在鼓励学生尽可能多地提出创意和解决方案。教师可以组织学生进行集体讨论，鼓励他们突破思维限制，发散思维，尽情发挥想象力。

应用案例。在创业课程中，教师可以组织学生进行头脑风暴，讨论创业项目的创意和商业模式。通过集体思考和激烈讨论，学生可以共享各自的想法，启发彼此，为创业项目提供多样化和创新性的解决方案。

（4）原型制作

方法介绍。原型制作是将创意转化为可视化的原型或模型的过程。教师可以引导学生学习如何使用合适的工具和技术，如绘图软件、三维打印等，来制作产品的初步模型或界面设计。

应用案例。在产品设计课程中，教师可以要求学生使用绘图软件制作产品的界面原型，或使用 3D 打印技术制作产品的实体模型。通过实际制作过程，学生能够更好地理解和体验他们的创意，发现潜在的问题和改进点。

2. 启发性学习

教师可以引入各种启发性学习方法，如案例研究、探索性学习和翻转课堂等。这些方法能够激发学生的好奇心和探索欲望，培养他们主动探索和发现新知识的能力。

（1）案例研究

案例研究是一种启发性学习方法，通过真实或虚拟的案例，学生深入了解问题的背景、挑战和解决方案。教师可以提供具体的案例，学生分析和讨论其中的问题，并提出自己的见解和解决方案。通过案例研究，学生能够运用所学的知识和技能，发展批判性思维和解决问题的能力。

（2）探索性学习

探索性学习是一种基于学生主动探索和发现的学习方法。教师可以提供一个开放的学习环境，鼓励学生提出问题、进行实验和观察，通过自主学习和探索来获得新的知识和理解。在这个过程中，学生能够形成自主学习的能力，发展对问题的好奇心和解决问题的能力。

（3）翻转课堂

翻转课堂是一种将课堂讲授和学生独立学习相结合的学习方法。教师可以在课堂上提供学习材料和资源，学生在课前自主学习，并在课堂上进行深入讨论和探究。这种方法能够激发学生的学习兴趣，培养他们的批判性思维和合作能力。

通过引入启发性学习方法，教师能够激发学生的学习动力，培养他们的自主学习和解决问题的能力。这些方法能够激发学生的好奇心和探索欲望，促使他们积极参与学习，发展批判性思维和创新能力。未来的教育实践应进一步研究和推广启发性学习方法，以提高学生的学习效果和终身学习能力。

3.跨学科整合

教师可以鼓励学生在学科之间建立联系和整合知识，以培养学生的综合思维和创新能力。通过跨学科项目、综合课程和团队合作等方式，学生可以将不同学科的知识和方法应用于解决实际问题，促进创新性思维的发展。

（1）跨学科项目

跨学科项目是一种将不同学科的知识和技能整合在一起解决问题的学习方式。教师可以设计跨学科项目，学生在项目中运用多个学科的知识，进行调查研究、实验设计或创意产出等活动。通过跨学科项目，学生能够体验到学科之间的相互关联和交叉应用，形成综合思维和解决问题的能力。

（2）综合课程

综合课程是将不同学科的内容融合在一起的教学安排。教师可以设计综合课程，将相关学科的知识和概念有机结合，学生在综合的学习环境中进行学习和探究。这有助于学生建立学科之间的联系，形成综合思维和系统思维的能力。

（3）团队合作

团队合作是一种培养学生跨学科整合能力的有效方式。教师可以组织学生进行跨学科团队合作项目，学生在团队中扮演不同的学科角色，共同解决复杂的问题或完成综合性的任务。通过团队合作，学生能够学会协作、交流和整合不同学科的知识和技能，形成创新思维和解决问题的能力。

通过跨学科整合，教师能够促进学生对不同学科的理解和应用，培养学生的综合思维和创新能力。这有助于学生建立学科之间的联系，形成综合能力和创新思维。教师在教学设计中应重视跨学科整合的实践，为学生提供跨学科学习的机会，促进他们的综合发展。

（二）批判性思维能力的创新策略和方法

1.问题导向学习

问题导向学习是一种以问题为核心的学习方法，通过引导学生从问题出发，促使他们主动思考、探究和解决问题的过程。它强调学习的目标不仅仅是传授知识，更重要的是培养学生的批判性思维和问题解决能力。问题导向学习突破了传统的教学方式，将学生置于主动学习的地位，促使他们积极参与学习过程，从而激发出更高层次的思维能力和创新意识。

（1）原理

问题导向学习的核心原理是通过问题驱动学习，激发学生的学习兴趣和好奇心，培养他们主动探索和发现新知识的能力。在问题导向学习中，教师起到引导和支持的作用，鼓励学生提出问题，并帮助他们寻找解决问题的途径和策略。学生在问题导向学习中需要实施问题定义、信息收集、证据评估和解决方案的提出等一系列步骤，通过批判性思维和逻辑思维来推动问题的解决。

（2）问题导向学习的核心特点

学生主导。问题导向学习将学生置于主动学习的位置，鼓励他们自主思考、探索和解决问题。学生在问题导向学习中扮演问题的提出者和解决者的角色，通过自主学习和合作学习来形成批判性思维和创新意识。

综合能力培养。问题导向学习注重培养学生的综合能力，不仅关注学科知识的掌握，更注重学生的问题解决能力、批判性思维和创新能力的培养。学生通过问题导向学习，能够积极应用所学知识，提出针对性问题，运用逻辑和证据进行推理和论证，形成综合思维和创新意识。

深度学习。问题导向学习强调深度学习，鼓励学生进行深入的研究和分析，不仅仅是简单的表层理解和记忆。学生在问题导向学习中需要深入挖掘问题的本质，收集和评估相关信息和证据，并提出创新性的解决方案。这种深度学习能够促进学生的理解和应用能力的提升。

协作与交流。问题导向学习鼓励学生之间的协作和交流，通过合作学习和团队项目，促进学生之间的互动和思维碰撞。学生可以共同面对问题、分享思考、交流解决方案，从而形成合作精神和团队合作能力。

2.对立观点辩论

通过组织对立观点的辩论活动，教师可以激发学生思考不同观点之间的优缺点，并培养他们辨析、评估和判断的能力。辩论活动能够锻炼学生的辩证思维和表达能力，提高他们在面对复杂问题时的批判性思维水平。

首先，辩论活动可以培养学生的辩证思维能力。通过辩论，学生需要充分理解和阐述不同观点，并分析它们的逻辑和证据支持。这要求学生能够从多个角度思考问题，不仅仅固守自己的立场，而是学会理解和尊重他人的观点。这有助于学生更全面地理解问题，并更好地做出决策和判断。

其次，辩论活动可以提高学生的表达能力。辩论要求学生能够清晰、有条理地表达自己的观点，并用合适的论证和例证支持自己的立场。在辩论中，学生需要训练自己的口头表达能力，能够清晰地表达自己的想法，富有逻辑的论证和有说服力的辩论。这有助于学生更好地沟通和表达自己的观点。

最后，辩论活动可以提高学生的批判性思维水平。在辩论过程中，学生需要对不同观点进行分析和评估，辨别合理的论证和逻辑漏洞，从而判断哪种观点更有说服力。这有助于学生更好地辨别信息的可靠性和真实性，提高他们对各种观点和主张的分析和评估能力。

3. 信息素养教育

教师可以教授学生信息素养的相关知识和技能，包括信息搜索与评估、信息整合与分析、信息应用与传播等。这有助于学生辨别信息的可信度、有效利用信息，并形成批判性思维来评估和解释信息。

首先，信息素养教育可以教授学生信息搜索与评估的技能。学生需要学会使用合适的搜索引擎和工具，有效地搜索和筛选信息。同时，他们还需要学会评估信息的可信度、准确性和可靠性，了解信息源的权威性和可信度，以便做出正确的判断和决策。

其次，信息素养教育还注重培养学生信息整合与分析的能力。学生需要学会整合和分析多源信息，将分散的信息碎片组合成有意义的整体。他们需要学会利用图表、图像和其他可视化工具来展示和分析信息，以便更好地理解和应用信息。

最后，信息素养教育还强调学生应具有信息应用与传播的能力。学生需要学会有效地应用和分享信息，以解决问题和传达观点。他们需要学会使用适当的工具和技术来呈现和传播信息，如制作演示文稿、写报告、创建多媒体作品等。

信息素养教育的核心是培养学生的批判性思维来评估和解释信息。学生需要学会对信息进行批判性思考，思考信息的来源、目的、立场和影响。他们需要学会分析和解释信息的含义和意义，以便做出独立和明智的判断。

教师可以通过教授学生信息搜索与评估、信息整合与分析、信息应用与传播等技能，帮助他们辨别信息的可信度、有效利用信息，并培养批判性思维来评估和解释信息。这有助于学生更好地应对信息化社会的挑战，并成为积极、负责任的信息使用者。

创新思想政治教育的创新策略和方法是多样的，教师可以根据学生的特点和教学目标选择适合的策略和方法。更重要的是要为学生提供积极的学习环境和创新的学习体验，激发他们的思维活力和创造潜力，以培养他们的核心素养和综合能力。

第三节　创新思想政治教育的方法和途径

一、创新思想政治教育的方法和手段

（一）启发式教学

启发式教学是一种富有创造性和启发性的教学方法，通过提出开放性问题、引发思考和讨论，激发学生的创新思维和创造力。教师在启发式教学中扮演引导者和促进者的角色，致力于培养学生的自主学习能力、批判性思维能力和问题解决能力。

1. 提出开放性问题

在启发式教学中，教师通过提出开放性问题，激发学生思考和探索。这些问题通常没

有一个确定的答案，鼓励学生自主思考和提出自己的观点。教师可以根据学生的兴趣和学习目标，设计具有挑战性和启发性的问题。这些问题可以涉及各个学科领域，引导学生从不同的角度思考和解决问题。

教师提出问题要适度，既不能过于简单，否则无挑战性，也不能过于复杂，以致超出学生的理解范围。合理的问题设计可以引导学生主动思考，激发他们的学习兴趣和求知欲望。

2. 引发思考和讨论

启发式教学强调学生的主动参与和合作学习。教师通过引导学生进行思考和讨论，活跃他们的思维。在思考和讨论的过程中，学生有机会表达自己的观点和想法，与他人交流和分享。教师可以采用各种启发性的教学策略，如小组讨论、问题导向的学习、案例分析等，促进学生的深入思考和批判性思维。

在引发思考和讨论的过程中，教师需要提供支持和引导，鼓励学生提出合理的观点和问题。教师应该充分倾听学生的发言，鼓励他们表达独立的观点，并引导他们从多个角度思考问题。同时，教师也可以提供适当的背景知识和相关资料，以促进学生的深入思考和讨论。

3. 激发创新思维和创造力

启发式教学旨在培养学生的创新思维和创造力。教师可以通过提供具有挑战性的问题和任务，鼓励学生大胆尝试新的思维方式和解决方案。教师应该激发学生的好奇心和探索欲望，鼓励他们独立思考和提出新的想法。

在激发创新思维和创造力的过程中，教师需要提供适当的支持和引导。教师可以提供创新案例和成功经验，鼓励学生从中汲取灵感和启示。同时，教师还可以引导学生运用各种创新工具和方法，如头脑风暴、设计思维等，培养他们的创造力和问题解决能力。

4. 多元角度思考问题

启发式教学强调学生从多个角度思考问题。教师可以引导学生从不同学科的视角、文化背景的差异等，来探索问题的多样性和复杂性。通过从多元角度思考问题，学生可以形成综合思考的能力，将不同学科的知识和方法相融合，从而更全面地理解和解决问题。

教师在引导学生多元角度思考问题时，可以通过提供不同的观点和材料，引发学生的思考和讨论。教师还可以组织跨学科的学习活动和项目，使学生在合作中学会倾听和尊重他人的观点，同时提供不同文化背景和经验的学习机会。

通过多元角度思考问题，学生能够超越传统的思维模式，发展跨学科的思维能力，形成综合分析和综合评估的能力。这有助于他们在面对复杂问题和未知挑战时能够从多个角度思考，提出更全面和创新的解决方案。

5. 学生主导和合作学习

启发式教学鼓励学生的主动参与和合作学习。学生在启发性的学习环境中，扮演着学习的主导者和探索者的角色。教师的任务是提供指导和支持，鼓励学生自主提出问题、收集信息、进行讨论和合作解决问题。

学生主导和合作学习能够培养学生的自主学习和团队合作能力。学生在合作学习中学会倾听他人的意见、尊重他人的观点，并能够有效地协作解决问题。这有助于激发学生的学习动机和积极性，提高他们的学习效果和成果。

教师在学生主导和合作学习中扮演引导者和促进者的角色。教师需要提供适当的学习任务和学习资源，激发学生的学习兴趣和探索欲望。同时，教师还需要提供指导和反馈，帮助学生形成学习策略和解决问题的能力。

（二）项目驱动学习

通过设计创新项目，学生在实践中运用知识和技能，解决真实的问题。项目驱动学习鼓励学生的主动性和创造性，培养他们的团队合作和解决问题的能力。

1. 学生主导与教师引导的平衡

项目驱动学习的核心特点之一是学生主导与教师引导的平衡。在项目中，学生扮演积极的角色，他们负责项目的规划、实施和评估。学生通过自主学习和团队合作，掌握项目的主导权，从而形成自我管理、自我学习和自主解决问题的能力。同时，教师作为指导者和导师，发挥着重要的引导和支持作用。教师可以提供项目的指导框架、资源支持和反馈评估，引导学生在项目中探索、思考和解决问题。学生主导和教师引导的平衡，可以激发学生的主动性和创造性，促进他们的学习动机和学习效果。

2. 实践与理论相结合

项目驱动学习的另一个核心特点是实践与理论相结合。项目驱动学习强调将学习与实际应用相结合，使学生在实践中运用所学知识和技能，解决真实的问题。通过实践，学生能够深入理解和应用学科知识，形成实际操作和问题解决的能力。同时，项目驱动学习也注重理论的支持和指导。学生在实践中不仅要进行具体操作，还要思考实践中的原理和理论，从而深化对知识的理解和应用。实践与理论相结合可以促进学生的综合能力发展，培养他们将学习成果转化为实际应用的能力。

3. 跨学科与综合能力的培养

项目驱动学习注重跨学科的整合和综合能力的培养。在项目中，学生需要运用不同学科的知识和方法来解决问题。通过跨学科的学习和合作，学生能够拓宽视野，深化对知识的理解，并在解决问题的过程中形成综合能力。跨学科的学习有助于学生发展多元思维，促进学科之间的交叉，培养学生的综合思维能力和创新能力。

4. 问题解决与创新能力的发展

项目驱动学习强调问题解决和创新能力的发展。通过项目的实施，学生需要面对问题定义、信息收集、分析评估和解决方案的提出等一系列问题和挑战，形成批判性思维和创新能力。项目驱动学习鼓励学生主动思考和提出新的想法，培养他们的创造性思维和解决问题的能力。通过解决实际问题，学生能够体验到自己的能力和潜力，增强自信心和动力。

5. 团队合作与沟通能力的培养

项目驱动学习重视团队合作和沟通能力的培养。在项目中，学生需要与团队成员合作，共同解决问题。通过团队合作，学生能够学会倾听和尊重他人的观点，发展有效的沟通和协作能力。

（三）创新实验室

建立创新实验室或学生创新工作室，提供资源和支持，鼓励学生自主开展创新项目。学生可以进行研究和实践，发展自己的创新思维和创新能力。

1. 创新实验室的建立与运作

（1）实验室空间和设备

创新实验室应提供开放式的学习空间，配备先进的技术设备和工具。这些设备包括计算机、3D打印机、物联网设备等，以支持学生进行创新实践和项目开发。

（2）导师和指导

创新实验室应配备有经验丰富的导师和指导老师，他们可以提供专业知识和指导，引导学生进行研究和实践。导师可以从学术和实践角度指导学生，帮助他们解决问题、提出创新想法，并在项目开发过程中给予支持和反馈。

（3）资源和支持

创新实验室应提供必要的资源和支持，包括经费、材料、技术支持等。这些资源有助于学生的创新想法落地，促进项目的顺利进行。

（4）团队合作和交流

创新实验室鼓励学生进行团队合作和交流，通过合作解决问题、分享经验和知识，促进学生之间的学习和成长。实验室可以定期组织讨论会、展示和交流活动，使学生互相学习和启发。

2. 创新实验室对学生创新能力的影响

（1）激发创新思维和创造力

创新实验室提供了一个创新的学习环境，鼓励学生自主探索和实践。在实验室中，学生可以面对真实的问题和挑战，通过思考、实践和反思，形成创新思维和创造力。

（2）培养问题解决能力

创新实验室为学生提供了解决问题的机会。学生在项目中会面临各种挑战和困难，需要运用各种知识和技能来解决。通过实践和反思，学生可以形成问题解决能力，学会分析问题、提出解决方案并实施。

（3）促进团队合作和沟通能力

创新实验室鼓励学生进行团队合作和交流。在团队项目中，学生需要协作、沟通和协调。通过与他人合作，学生可以学会倾听、表达和协商，提高团队合作和沟通能力。

（4）培养实践经验和职业素养

创新实验室为学生提供了接触实际项目和实践经验的机会。通过参与真实项目，学生可以了解实际工作环境和需求，形成实践能力和职业素养，为将来的职业发展打下基础。

（四）创新竞赛和展示

教师组织创新竞赛和展示活动，鼓励学生展示自己的创新成果。这可以激发学生的竞争意识和创新动力，同时为他们提供交流和合作的机会。

1. 创新竞赛

教师设计竞赛项目。组织创新竞赛时，可以设计具有挑战性和创新性的竞赛项目。这些项目可以涵盖不同领域，如科学、技术、工程、艺术等，以鼓励学生在不同方面展示创新能力。

教师提供指导和支持。在竞赛前期，教师可以提供指导和支持，帮助学生明确目标、制订计划，并提供相关资源和技术支持。教师还可以组织培训和工作坊，提升学生在创新竞赛中所需的技能和知识。

学生组建团队。创新竞赛可以以团队形式进行，鼓励学生合作解决问题。通过组建团队，学生可以相互合作、分享经验和资源，共同完成创新项目。

评委评选和奖励。竞赛结束，通过评委评选和公正的评分系统，对优秀的创新项目进行评选和奖励。这可以激励学生不断追求卓越，同时为他们提供了交流和展示的机会。

2. 创新展示

学生项目展示。组织创新展示活动，教师给学生提供展示自己创新成果的平台。学生可以展示他们的创新项目、研究成果、设计作品等，向其他人展示他们的创新思维和创造力。

专家评议和反馈。在创新展示活动中，教师可以邀请相关领域的专家参与评议和提供反馈。专家的意见和建议为学生的创新成果提供宝贵的指导和改进方向，促进学生不断提高和完善创新项目。

学生交流和互动。创新展示活动也是学生之间交流和互动的机会。学生可以互相学习、启发和鼓励，通过分享经验和见解，进一步形成创新思维和创造力。

社会影响力和推广。创新展示活动还可以让学生的创新成果得到更广泛的认可和推广。学生的创新项目可以在学校、社区甚至更大范围内展示和推广，产生积极的社会影响力。

教师组织创新竞赛，可以激发学生的竞争意识和创新动力，培养他们的团队合作和解决问题的能力。创新展示活动为学生提供了展示和交流的平台，促进学生之间的互动和创新思维的发展。这些方法和手段有助于激发学生的创新潜能，培养他们的创新意识和能力。

（五）创新导师指导

教师引入创新导师制度，为学生提供个别指导和支持，帮助他们发展创新项目和思维能力。

1. 创新导师角色

引入创新导师制度，由具有丰富创新经验和专业知识的导师担任指导学生的角色。导师可以是学校教师、行业专家或企业人员，他们促进学生的创新项目和思维能力的发展。

2. 个别指导与支持

创新导师与学生进行个别指导，根据学生的兴趣、能力和项目需求，提供针对性的指导和支持。导师可以帮助学生明确项目目标、制订计划、提供专业知识和技术支持，促进学生的创新思维和能力的发展。

3. 导师学生交流和合作

导师与学生之间进行频繁的交流和合作，通过讨论、反馈和评估，促进学生对创新项目的深入理解和改进。导师还可以鼓励学生与其他同学合作，促进团队合作和协作能力的培养。

通过以上方法和手段，创新思想政治教育可以有效地培养学生的创新意识和能力。教师在教学中发挥引导和激励的作用，为学生提供学习和实践的机会，帮助他们在创新思维和行动中成长和发展。

二、创新思想政治教育的实施途径和路径

（一）教学内容更新

教师及时更新教学内容，将最新的创新理念、思想和政治事件纳入教学中，使学生了解和思考当前的创新和发展动态。

1. 及时获取最新信息

教师应积极获取最新的创新理念、思想和政治事件信息，包括阅读相关书籍、报纸、杂志等，关注学术研究和实践领域的最新成果，了解创新和发展的前沿动态。

2. 更新教材和教学资源

基于最新的创新思想和政治事件，教师应及时更新教材和教学资源，可以选择相关的教材、案例研究、实例分析等，以反映当前的创新趋势和实践案例。同时，利用互联网资源，包括学术论文、学术会议和研讨会的资料，以支持教学内容的更新。

3. 开展案例分析和讨论

教师可以引入实际案例和问题，通过案例分析和讨论，使学生深入了解和思考当前的创新和发展动态。教师可以提供相关的案例材料，引导学生分析案例中的创新思维和政治背景，培养学生的批判性思维和综合分析能力。

4. 组织创新论坛和研讨会

教师可以组织创新论坛和研讨会，邀请专家、学者、行业人士等就当前的创新和发展议题进行演讲和讨论。学生可以参与讨论，与各界人士交流意见和观点，加深对创新思想和政治事件的理解和认识。

（二）学校创新文化建设

营造鼓励创新的学校文化和教育环境，建立创新教育的机制和制度。学校可以组织创新比赛、讲座和展示活动，培养学生的创新意识和能力。

1. 学校创新文化的定义与内涵

（1）学校创新文化的概念

学校创新文化是指学校在办学理念、价值观念、组织管理、教学方法等方面，积极鼓励和支持创新，倡导开放、包容、创造的学习氛围，促进学生的创新思维和能力的发展。这种文化将创新视为学校教育的核心价值，将创新精神贯穿于学校的各个方面和层面。

（2）学校创新文化的核心要素

学校创新文化的核心要素包括：

鼓励创新的价值观念。学校应建立鼓励创新的价值观念，使学生认识到创新对个人和社会的重要性，激发他们的创新动力。

创新教育的机制和制度。学校应建立相应的创新教育机制和制度，包括创新教学模式、评价体系和奖励机制等，以支持学生的创新实践。

多样化的创新活动。学校可以组织各类创新活动，如创新比赛、讲座、展示等，为学生提供展示创新成果的平台。

2. 学校创新文化建设的重要性和目标

培养学生的创新意识。学校创新文化建设的首要目标是培养学生的创新意识。通过学校创新文化的营造，学生逐渐意识到创新是一种重要的思维方式和生活态度，从而主动积极地投入创新实践中。

培养学生的创新能力。学校创新文化建设旨在培养学生的创新能力。创新能力包括解决问题的能力、独立思考和发现问题的能力、创造性地提出解决方案的能力以及将创意转化为实际行动的能力。通过学校创新文化建设，学生将在实践中不断锻炼和提升创新能力，从而成为具有创新精神和创新思维的个体。

推动学校整体发展与进步。学校创新文化建设还有助于推动学校整体发展与进步。创新是推动社会进步的源动力，也是学校发展的重要支撑。学校创新文化建设可以激发教师和学生的创新热情，促进学校教育教学模式和管理体制的创新，推动学校向更高层次迈进。

3. 学校创新文化建设的策略与方法

（1）营造创新氛围

树立鼓励创新的价值观念。学校应当树立鼓励创新的价值观念，使师生认识到创新是一种推动社会发展和个人成长的重要力量。学校可以通过开展主题教育活动、举办讲座和座谈会等形式，强调创新对学校发展的积极影响。

开展多样化的创新活动。学校应当开展多样化的创新活动，包括创新比赛、创新实践项目、科技创新展览等。这些活动为学生提供了展示创新成果的平台，激发他们的创新热情。

打造开放的学习环境。学校应当打造开放的学习环境，鼓励师生积极交流和分享创新成果。开放的学习环境有利于学生的创新思维和能力的培养，同时促进了师生之间的合作与共享。

（2）推动创新教育的机制与制度

建立创新教育的评价机制。学校应当建立创新教育的评价机制，对学生的创新实践和创新成果进行评价和认可。创新教育的评价机制的建立，可以激励学生更加积极地参与创新活动，并对他们的创新能力进行有效反馈。

设立创新教育的奖励制度。学校应当设立创新教育的奖励制度，对在创新实践中取得优秀成绩的学生进行奖励。奖励制度的建立可以激励学生积极参与创新活动，增强其创新动力。

提供创新教育的资源支持。学校应当提供创新教育的资源支持，包括教师培训、创新项目经费、实验室设备等。这些资源的提供有助于提高创新教育的质量和水平，推动学校创新文化的全面发展。

4.学校创新文化建设的实施途径

以学校领导为核心。学校领导在学校创新文化建设中起到关键作用。作为学校创新文化建设的核心推动者，学校领导应当充分认识到创新教育的重要性，带头倡导创新精神，推动学校创新文化建设。

学生的积极参与。学生是学校创新文化建设的主体，他们的积极参与是推动学校创新文化发展的关键。学校应当鼓励学生参与各类创新活动，提供相应的支持和资源，培养学生的创新思维和能力。

（三）创新实践机会

学校为学生提供参与创新实践的机会，如科研项目、社会实习、创业实践等，使学生能够在实际问题中应用创新思维和解决方案。

1.科研项目参与

学校可以与科研机构合作，为学生提供参与科研项目的机会。通过参与科研项目，学生可以深入了解前沿科技和学术研究领域，接触创新的最新成果和技术，从而培养他们的科学研究能力和创新意识。学生可以与导师一起探讨问题、开展实验和撰写论文，真实地体验科学家的工作和思维方式。此外，科研项目还可以为学生提供参与国家级科技竞赛的机会，展示他们的创新成果和能力。

2.社会实习体验

学校可以与社会企业和机构合作，为学生提供社会实习的机会。通过参与社会实习，学生可以走出校园，接触真实的社会问题和挑战，将所学的知识和技能应用于实际工作中。在实习过程中，学生可以与企业的专业人员合作，了解行业的发展趋势和创新需求，从而形成实践能力和创新思维。社会实习还有助于学生积累社会人脉，提升职业素养，为将来的就业和创业奠定基础。

3.创业实践机会

学校可以鼓励学生参与创业实践，提供创业培训和支持。通过创业实践，学生可以把创新思维付诸实践，将自己的创意转化为创业项目。学校可以设立创业孵化器，为学生提供办公场地、资金支持和导师指导，帮助他们实现创业梦想。创业实践不仅培养学生的创新意识和创业精神，还有助于培养他们的团队合作和项目管理能力。

4. 学科竞赛和创新比赛

学校可以组织学科竞赛和创新比赛，为学生提供展示创新成果的平台。这些比赛可以涵盖各个学科领域和创新主题，如科技创新、社会创新、艺术创意等。通过参与比赛，学生可以与其他同学进行切磋和交流，激发创新竞争意识。学校可以设立专门的奖项和奖励，鼓励学生积极参与创新比赛，并对他们的创新成果给予认可和支持。

5. 跨学科项目与团队合作

学校可以推动跨学科项目和团队合作，使学生在团队中共同解决复杂问题。跨学科项目可以将不同学科的知识和技能相融合，培养学生的综合思维和创新能力。学生在团队合作中需要协调沟通、合理分工和共同协作，这有助于培养他们的团队合作和沟通能力。跨学科项目还可以提供更广阔的创新空间和创新机会，激发学生的创造力和创新潜能。

6. 网络资源和在线学习

学校可以利用互联网资源和在线学习平台，为学生提供更多的创新学习资源。通过网络资源，学生可以获取丰富的学习资料和知识，拓宽创新视野。在线学习平台可以提供个性化的学习体验，使学生根据自己的兴趣和需求选择学习内容和学习方式。网络资源和在线学习为学生提供了更灵活、便捷的学习方式，有助于培养他们的自主学习和创新能力。

7. 知识产权保护与学术道德教育

在创新实践过程中，学校还应当加强知识产权保护和学术道德教育。学校应当引导学生正确对待知识产权，遵守学术道德规范，不侵犯他人的知识产权和学术权益。通过加强知识产权保护与学术道德教育，学校可以培养学生的创新诚信和责任意识，促进学术创新的健康发展。

（四）与社会资源合作

与社会资源合作，邀请创新领域的专家和企业家来学校举办讲座和指导，提供实际案例和经验分享，拓宽学生的视野和思维。

1. 专家讲座与指导

学校可以邀请来自不同领域的专家，包括科学家、工程师、企业家等，来学校进行专题讲座和指导。专家讲座可以让学生听取创新领域的前沿知识和发展趋势，了解实际问题的解决思路和方法。专家指导则为学生提供个性化的创新指导，根据学生的兴趣和特长，提供切实可行的创新建议和方向。通过与专家的交流和互动，学生可以从他们的经验中获得启示，加深对创新思维的认识。

2. 企业合作与实践

学校可以与企业建立合作关系，为学生提供创新实践机会。与企业合作，学生可以参与实际的创新项目和任务，了解企业的创新需求和挑战，学习实践中的创新方法和策略。企业合作还可以让学生与企业的专业团队合作，培养学生的团队合作和沟通能力。通过与企业的合作，学生可以深入了解创新在实际生产和经营中的应用，为将来的职业发展做好准备。

3.创新比赛与项目赞助

学校可以与社会机构和企业合作举办创新比赛，并寻求项目赞助。社会机构和企业可以为创新比赛提供经费和资源支持，以激励学生参与创新实践。通过创新比赛，学生可以展示自己的创新成果，吸引更多社会关注和支持。项目赞助不仅可以为学生提供实践平台，还可以鼓励学生在创新实践中不断探索和突破，激发他们的创新热情和动力。

4.创新资源共享与合作

学校可以与其他高校和研究机构进行创新资源共享与合作。通过资源共享和合作，学校可以获取更多创新资源和信息，为学生提供更广阔的创新空间和机会。学校可以与其他高校共建创新实验室或研究中心，开展联合科研项目和实践活动。资源共享与合作可以促进学校之间的创新交流和合作，推动创新思想在整个教育体系中的传播和应用。

第五章 思想政治教育创新的实践案例分析

第一节 基于现代科技的思想政治教育创新实践

一、基于现代科技的思想政治教育工具和平台

（一）基于现代科技的思想政治教育工具

1. 移动学习应用

随着智能手机和平板电脑的普及，移动学习应用成为一种有效的思想政治教育工具。这些应用提供了丰富的学习资源，包括电子书籍、学习视频、在线课程等。学生可以通过移动学习应用随时随地学习，自主选择学习内容和学习节奏，提高学习的自主性和灵活性。同时，一些移动学习应用还提供学习进度的跟踪和反馈，帮助学生掌握学习效果，调整学习策略。

（1）移动学习应用的便利性和灵活性

移动学习应用的便利性。移动学习应用的便利性是其最显著的优势之一。随着智能手机和平板电脑的普及，学生只需下载并安装相关的移动学习应用，便可在任何时间、任何地点进行学习。无须受制于传统教室的时间和地点限制，学生可以根据自己的学习需求，在公交车上、家中、图书馆、咖啡厅等各种场所学习。这种便利性使得学生能够充分利用碎片化时间，高效学习。

移动学习应用的灵活性。移动学习应用的灵活性是其另一个重要特点。这些应用提供了丰富多样的学习资源，涵盖了各个学科领域和知识内容。学生可以根据自己的兴趣和学习需求，自主选择学习内容和学习路径。不同于传统课堂的固定教学内容，移动学习应用为学生提供了更加自主、个性化的学习体验。同时，学生可以根据自己的学习进度和学习习惯，自由安排学习时间和学习计划，实现个性化学习目标。

（2）移动学习应用的丰富学习资源

电子书籍。移动学习应用提供大量的电子书籍资源，涵盖了各个学科和领域的知识内容。学生可以通过移动学习应用获取多种格式的电子书，包括PDF、EPUB等，方便学生在移动设备上阅读。电子书籍不仅具有便捷的携带性，还支持文本搜索、笔记标记等功能，帮助学生更好地整理和消化学习内容。

学习视频。移动学习应用提供丰富的学习视频资源，包括教学视频、学术讲座、学科课程等。学习视频具有生动直观的特点，能够激发学生的学习兴趣，提高学习效果。学生可以通过移动学习应用观看学习视频，并根据自己的学习进度进行暂停、回放等操作，实现内容的反复学习和理解。

在线课程。移动学习应用还提供在线课程资源，包括慕课（MOOC）、在线直播课程等。这些在线课程由专业的教师和领域专家教授，内容涵盖了广泛的学科和知识领域。学生可以根据自己的学习需求，自主选择感兴趣的在线课程，不受时间和地点限制，灵活学习。

2.在线教学平台

现代科技为思想政治教育提供了全新的在线教学平台。各类高校和机构可以利用在线教学平台开设思想政治教育课程，为学生提供多样化的学习资源。在线教学平台支持互动式学习，学生可以通过在线讨论、小组合作等方式与教师和同学进行交流。同时，教师可以根据学生的学习情况进行个性化教学，提供针对性的指导和支持。

（1）多样化的学习资源

在线教学平台为思想政治教育提供了丰富多样的学习资源。教师可以上传教学课件、电子书籍、学习视频、学术论文等多种学习资料，供学生学习和参考。这些学习资源不受地域和时间限制。

（2）互动式学习与讨论

在线教学平台支持互动式学习，学生可以通过在线讨论、问答等方式与教师和同学进行交流。这种互动性促进了学生之间的学术交流和合作，拓宽了学生的学习视野。同时，教师可以通过在线教学平台及时解答学生的疑问，提供学习指导和支持。

（3）提供在线作业与测验

在线教学平台为教师提供了在线布置作业和测验功能。教师可以根据学习进度和教学目标，定期发布作业和测验，考查学生对思想政治教育内容的理解与掌握。学生可以通过在线教学平台提交作业和参加测验，教师也可以在平台上对学生的作答进行批阅和评分。

（4）个性化学习与学习跟踪

在线教学平台支持个性化学习，学生可以根据自己的学习进度和学习需求选择学习内容和学习时长。同时，平台可以对学生的学习行为进行实时跟踪和记录，为教师提供学生学习情况的数据反馈。教师可以根据学生的学习数据，对学生进行个性化学习指导和支持，帮助学生更好地实现学习目标。

（5）提供学习反馈与评估

在线教学平台为学生提供学习反馈与评估机制。学生可以查看自己的学习成绩、学习进度等信息，了解自己的学习情况。同时，教师可以通过在线教学平台对学生的学习表现进行实时评估和反馈，帮助学生发现学习问题，调整学习策略。

（6）支持学习管理与监控

在线教学平台还支持学习管理与监控功能。教师可以对学生的学习行为进行跟踪和监控，了解学生的学习习惯和学习进度。同时，学校和教育机构可以通过在线教学平台对整体的学习效果和教学质量进行评估和管理。

在线教学平台作为现代科技的思想政治教育工具，为学生提供了便捷、灵活的学习方式，同时为教师提供了更多的教学支持和反馈渠道。在线教学平台的应用将持续推动思想政治教育的创新和发展，为培养具有良好政治素质的青年学生做出积极贡献。

3. 虚拟现实技术

虚拟现实技术为思想政治教育带来全新的教学体验。通过虚拟现实技术，学生可以身临其境地参与历史事件、社会实践等场景，增强学习的感知和体验。虚拟现实技术还可以为思想政治教育提供虚拟实验室、虚拟讨论等功能，扩展学生的学习空间和学习方式，激发学生的学习兴趣和学习动力。

（1）虚拟历史场景与社会实践

虚拟现实技术可以模拟历史事件和社会实践场景，使学生仿佛置身其中。通过虚拟现实技术，学生可以亲身经历历史事件，感受历史人物的情感和思想。例如，学生可以通过虚拟现实技术参观历史遗址，参与重要历史事件的重现，深入了解历史背景和历史文化。

（2）虚拟实验室与模拟演练

虚拟现实技术可以为思想政治教育提供虚拟实验室和模拟演练环境。学生可以通过虚拟现实技术进行政治决策模拟、社会问题分析等实践活动，从而增强解决问题和决策的能力。虚拟实验室还可以模拟社会实践场景，使学生在虚拟环境中进行实践训练，提高社会适应能力和问题解决能力。

（3）虚拟讨论与互动交流

虚拟现实技术支持虚拟讨论和互动交流功能，学生可以在虚拟环境中与教师和同学进行实时讨论和交流。这种虚拟互动方式鼓励学生积极参与，提高学生的表达和沟通能力。虚拟讨论还可以拓展学生的思维，促进多样化的思想碰撞，增加学生对问题的认知深度。

（4）创新教学场景与角色扮演

虚拟现实技术可以为思想政治教育创造丰富多样的教学场景和角色扮演体验。教师可以设计虚拟角色，使学生在虚拟环境中扮演不同的角色，进行政治决策、社会实践等模拟活动。这种创新教学方式培养学生的批判性思维和决策能力，增强学生的学习主动性和参与度。

（5）自主学习与学习动力提升

虚拟现实技术为学生提供了自主学习的空间和方式。学生可以根据自己的学习节奏和学习需求，在虚拟环境中进行自主学习。虚拟现实技术的沉浸式体验和趣味性可以提升学生的学习动力，激发学生的学习兴趣。

虚拟现实技术作为现代科技的思想政治教育工具，为教师提供了丰富多样的教学资源和教学方式，为学生带来了全新的学习体验和学习动力。虚拟现实技术的应用将持续推动思想政治教育的创新和发展，为培养具有良好政治素质的青年学生做出积极贡献。

4. 在线知识问答社区

在线知识问答社区为学生提供了一个分享和交流的平台。学生可以在这些社区提出问题、回答问题，与其他学生共同探讨学习问题。在线知识问答社区还可以为学生提供专家解答和学术资源，拓宽学生的学习渠道。这些社区的互动性和开放性有助于激发学生的学习兴趣，提高学习效果。

（1）学习资源丰富多样

在线知识问答社区汇集了大量的学习资源，包括学术文章、课程讲义、教学视频等。学生可以通过社区获取各类学习资料，拓宽学习视野，深入学习思想政治相关的知识和内容。

（2）问题交流与解答

学生可以在在线知识问答社区提出学习问题，与其他学生共同交流和探讨。同时，社区中的其他成员也可以对问题进行回答和解答。这种互动式的学习方式有助于学生在学习中解决疑惑，提高学习效率。

（3）专家解答与学术资源分享

一些在线知识问答社区还吸引了专业领域的专家和学者参与，他们可以对学生的问题进行专业解答。学生可以从专家的解答中获得更深入的理解和知识。此外，一些社区还提供学术资源分享，如学术论文下载等，帮助学生进行更深入的学术研究。

（4）学习交流与合作

在线知识问答社区鼓励学生之间的学习交流和合作。学生可以在社区中组建学习小组，共同研讨学习问题，互相学习和启发，提高学习效果。这种合作学习方式有助于培养学生的团队合作能力和交流能力。

（5）学习兴趣激发

在线知识问答社区的互动性和开放性能够激发学生的学习兴趣。学生可以在社区中主动选择感兴趣的话题和问题，进行深入学习和讨论。这种自主学习方式有助于培养学生的学习主动性和自我驱动能力。

在线知识问答社区为学生提供了一个开放、互动的学习平台，丰富了学生的学习资源，激发了学生的学习兴趣，提高了学习效果。教师可以鼓励学生积极参与在线知识问答社区，充分发挥这一思想政治教育工具的优势，促进学生综合素质的提高。

5. 数据分析工具

现代科技的数据分析工具为思想政治教育提供了强大的辅助支持。通过数据分析工具，教师可以对学生的学习情况进行跟踪和分析，了解学生的学习进度和学习难点，为教学提供针对性的改进措施。同时，数据分析工具还可以对教学资源和教学效果进行评估，为学校的教学管理和决策提供科学依据。

（1）学生学习情况跟踪与分析

数据分析工具可以收集和分析学生的学习数据，包括学习进度、学习时间、学习成绩等信息。教师可以通过这些数据来了解学生的学习情况，及时发现学生的学习进度和学习状态，以便采取相应的教学措施。

（2）学习难点和问题识别

通过数据分析工具，教师可以了解学生在学习中遇到的难点和问题。例如，教师可以发现学生在某个知识点上普遍存在困惑，或者发现学生在某个环节学习效果不佳。这有助于教师及时调整教学内容和教学方式，提高学生的学习效果。

（3）教学资源评估与优化

数据分析工具还可以评估教学资源的使用情况和效果。教师可以了解教学资源的受欢迎程度和使用频率，根据学生的反馈和学习效果对教学资源进行优化和改进，提高资源的有效利用率。

（4）教学效果评估与反馈

通过数据分析工具，学校和教师可以对教学效果进行评估和反馈。教师可以收集学生的学习反馈和评价，了解教学效果和教学质量。学校可以利用数据分析工具对不同教学方案进行比较，优化教学流程和提高教学质量。

（5）教学管理与决策支持

数据分析工具为学校的教学管理和决策提供了科学依据。学校可以通过数据分析工具了解整体教学情况，对学校的教学策略和教学计划进行调整和改进，以提高教学质量和教学效果。

数据分析工具在思想政治教育中发挥着重要作用，帮助教师更好地了解学生的学习情况和问题，优化教学资源和教学效果，提高教学质量，为学生提供更好的教育体验。教育机构和教育管理者可以利用数据分析工具来进行教学管理和决策，不断优化教育教学，提高整体教育水平。

6. 智能化教学系统

智能化教学系统整合了人工智能、大数据等技术，为思想政治教育带来更加智能化和个性化的学习体验。这些系统可以根据学生的学习情况和学习习惯，推荐个性化的学习资源和学习路径。智能化教学系统还可以通过智能评估和反馈，帮助学生发现学习问题和潜力，提供针对性的学习指导和支持。

（1）个性化学习推荐

智能化教学系统可以根据学生的学习情况、学习兴趣和学习习惯，推荐个性化的学习资源和学习路径。通过分析学生的学习数据和行为模式，系统可以精准地了解学生的学习需求，为每个学生量身定制学习内容，提高学习的针对性和效果。

（2）智能评估和反馈

智能化教学系统可以对学生的学习表现进行智能评估和反馈。通过对学生的作业、测验和学习进度进行自动化评估，系统可以及时发现学生的学习问题和潜力，并提供针对性的学习指导和支持。这有助于学生更好地了解自己的学习情况，调整学习策略，提高学习效果。

（3）互动式学习体验

智能化教学系统支持互动式学习体验，学生可以通过系统与教师和同学进行在线交流和互动。这种互动可以促进学生的思想交流和知识共享，丰富学习内容和形式，增强学习的乐趣和动力。

（4）智能化辅助教学

智能化教学系统可以辅助教师进行教学活动。教师可以通过系统收集和分析学生的学习数据，了解学生的学习情况和问题，根据学生的需求和反馈进行教学调整，提供个性化的教学指导和支持，提高教学效果和教学质量。

（5）学习效果评估与优化

智能化教学系统可以对整体教学效果进行评估和优化。学校和教育机构可以利用系统收集的数据进行教学质量评估，发现教学的弊端和不足，并采取相应的措施进行优化和改进。

智能化教学系统为思想政治教育带来了更加智能化和个性化的学习体验。通过个性化学习推荐、智能评估和反馈、互动式学习体验、智能化辅助教学等功能，智能化教学系统能够有效提高学生的学习效果和学习动力，优化教学资源和教学质量，促进学生全面发展。因此，在现代思想政治教育中，智能化教学系统是一种不可或缺的工具。

（二）基于现代科技的思想政治教育平台

1. 思想政治教育网站

（1）丰富的教育资源

思想政治教育网站提供丰富的学习资源，包括学习资料、教学视频、教学案例、教学课件等。这些资源涵盖各个年级和层次的教育内容，帮助学生全面了解和学习思想政治知识。

（2）在线测试与测评

思想政治教育网站可以设置在线测试和测评模块，学生通过网站进行自主测试，检测学习成果和掌握程度。网站会根据学生的测试结果提供相应的反馈和建议，帮助学生及时调整学习策略。

（3）互动与交流

思想政治教育网站为学生提供了一个互动和交流的平台。学生可以在网站上参与讨论、发表观点、分享学习心得，与教师和同学进行交流和互动，丰富学习内容和形式，增强学习的趣味性和参与感。

（4）教师辅助工具

思想政治教育网站也可以作为教师的辅助工具，提供教学资源和教学支持。教师可以在网站上发布教学资料和作业，管理学生的学习进度和学习成绩，为学生提供个性化的学习指导和帮助。

（5）网络安全与监管

由于思想政治教育涉及敏感的思想和政治内容，思想政治教育网站需要建立健全的网络安全和监管机制，确保网站内容的合法合规，保护学生的隐私和个人信息。

思想政治教育网站是一种重要的在线教育平台，它提供丰富的学习资源和信息，帮助学生更加全面地了解和学习思想政治知识。通过个性化学习推荐、在线测试与测评、互动与交流等功能，思想政治教育网站能够提高学生学习的效率和积极性，促进思想政治教育的有效实施。因此，在现代科技发展背景下，思想政治教育网站是一种值得推广和发展的重要教育工具。

2.社交媒体平台

（1）信息传播和交流渠道

社交媒体平台为学生提供了一个便捷的信息传播和交流渠道。学校可以在社交媒体上建立专门的思想政治教育账号或社群，发布学习资源、教育信息和教学活动等，帮助学生及时获取最新的学习资讯。

（2）学术交流与讨论

社交媒体平台提供了一个开放的学术交流与讨论空间。学生可以在社交媒体上参与有关思想政治话题的讨论，发表自己的观点和见解，与同学和教师进行深入的学术交流，拓宽思维和视野。

（3）创新教学和活动宣传

学校可以利用社交媒体平台进行创新教学，如开设微课程、举办线上学术讲座等。同时，社交媒体也是宣传学校思想政治教育活动的有效途径，吸引更多学生的参与和关注。

（4）舆论引导和信息监测

社交媒体平台可以帮助学校及时了解学生对思想政治教育的反馈和意见。通过对学生在社交媒体上的话题和讨论进行搜集和分析，学校可以更好地了解学生的需求和兴趣，进一步改进教学方式和内容。

（5）公众意识教育

社交媒体平台还可以用于开展公众意识教育。学校可以在社交媒体上发布有关公民责任、社会伦理等方面的内容，培养学生的公民意识和社会责任感。

尽管社交媒体平台为思想政治教育带来了许多机遇，但也应该合理引导学生使用社交媒体，防止信息泛滥和虚假信息的传播。同时，学校应该建立相关管理机制，确保社交媒体平台的内容符合教育要求和学术规范。

社交媒体平台作为一种重要的现代科技工具，在思想政治教育中发挥着积极作用。学校可以充分利用社交媒体平台的优势，建立思想政治教育的社群，促进学生在社交媒体上进行有益的学术交流和讨论，推动思想政治教育的有效实施。

3.虚拟实验室与模拟平台

为了丰富思想政治教育的实践体验，学校可以建设虚拟实验室和模拟平台。这些平台通过虚拟技术和模拟场景，让学生参与实际问题的解决过程。虚拟实验室可以模拟历史事件、社会实践等场景，让学生身临其境地体验和探索。模拟平台可以模拟决策场景和社会问题，培养学生的决策能力和实践能力。

（1）实践体验的拓展

虚拟实验室和模拟平台通过虚拟技术和模拟场景，为学生提供了实践体验的拓展。学生可以在虚拟实验室中模拟历史事件的经验，感受历史文化的熏陶；在模拟平台中扮演决策者角色，面对社会问题做出模拟决策，锻炼解决问题的能力。

（2）学习兴趣的激发

虚拟实验室和模拟平台的真实性和趣味性可以激发学生的学习兴趣。通过身临其境地参与虚拟场景，学生更加深入地了解历史事件和社会问题，提高学习的参与度和积极性。

（3）安全与成本的节约

虚拟实验室和模拟平台可以在虚拟环境中进行实践，不受时间和空间的限制。这可以避免实际实验和实地考察可能带来的安全风险，同时节约实验成本和实践费用。

（4）个性化学习的支持

虚拟实验室和模拟平台可以根据学生的学习进度和兴趣，提供个性化的学习资源和学习路径。学生可以根据自己的学习需求，选择参与感兴趣的虚拟实验和模拟情景，提高学习的自主性和灵活性。

（5）跨学科综合能力的培养

虚拟实验室和模拟平台往往涉及多学科的知识和技能。在参与虚拟实验和模拟决策的过程中，学生需要综合运用不同学科的知识和方法，培养跨学科综合能力。

尽管虚拟实验室与模拟平台在思想政治教育中具有许多优势，但应该注意其局限性。虚拟环境虽然能提供丰富的实践体验，但与实际场景仍有差异，学生需要通过其他途径获得实地经验。因此，学校应合理地将虚拟实验室、模拟平台与实地实践结合，形成多元化、全方位的思想政治教育体系，提高学生的综合素养和创新能力。

虚拟实验室与模拟平台作为思想政治教育的重要工具，为学生提供了丰富的实践体验和学习方式。学校应充分利用这些工具的优势，创造更具吸引力和有效性的教育环境，推动思想政治教育的不断创新与发展。

4.在线辅导与导师制度

为了提供个性化的学习指导和支持，学校可以建立在线辅导和导师制度。在线辅导可以为学生提供学习问题的解答和指导，帮助学生克服学习困难。导师制度可以为学生指定专业导师，进行个别指导和学业规划。在线辅导和导师制度可以增强学生的学习自信，提高学习效果。

（1）在线辅导

提供学习问题解答与指导。在线辅导平台为学生提供实时问题解答和学习指导。学生通过在线平台向专业教师提出学习问题，获得及时的解答和指导，帮助他们厘清学习思路，加深对知识的理解。

强化学习自主性。在线辅导平台支持学生自主选择学习时间和内容。学生可以根据自己的学习进度和学习需求，在合适的时间学习，提高学习的自主性和主动性。

个性化学习支持。在线辅导可以根据学生的学习情况和学习需求，提供个性化的学习资源和学习计划。教师可以根据学生的学习进度和学习能力，为他们推荐适合的学习材料和学习路径，提供针对性的学习支持。

增强学习自信。通过在线辅导获得及时的学习反馈和指导，学生的学习问题得到解决，学习进步得到认可，从而增强学生的学习自信心，激发学习动力。

（2）导师制度

专业个别指导。学校建立导师制度，为学生指定专业导师。导师可以根据学生的兴趣、学习能力和职业规划，进行个别指导，帮助学生制定学业规划和发展方向。

学习和生涯规划。导师不仅在学业上给予学生指导，还可以帮助学生进行生涯规划。通过定期的导师学生面谈，导师了解学生的学习和发展情况，为学生提供学习和职业建议。

心理支持与情感关怀。导师不仅是学术上的指导者，更是学生的朋友和心理支持者。他们关心学生的学习和生活情况，为学生提供情感支持和帮助，帮助学生克服学习和生活中的困难。

帮助学生解决问题。学生在学习和生活中会面临各种问题和挑战，导师可以帮助学生解决问题，提供实用性建议。

通过在线辅导和导师制度的实施，学校可以为学生提供更加个性化的学习指导和支持，提高学生的学习效果和学习满意度。同时，学生在接受个性化辅导和指导的过程中，也能够形成学习自主性和解决问题的能力，促进个人全面发展。因此，学校应该积极推进在线辅导和导师制度建设，为学生提供更优质的教育服务。

二、实施基于现代科技的思想政治教育的案例分析

某大学作为一所综合性高校，为了提高学生的思想政治教育效果和培养学生的创新意识，决定利用现代科技手段来辅助思想政治教育的实施。该校建立了一套基于现代科技的思想政治教育体系，涵盖了多个教学环节和学习资源，如在线教学平台、虚拟实验室、数据分析工具等。

（一）案例实施

1. 在线教学平台

该大学建设了一个在线教学平台，提供丰富的思想政治教育资源和信息。在该平台上，教师可以上传教学视频、电子书籍等学习资料，学生可以根据自己的学习进度和兴趣选择学习内容，实现自主学习。同时，学生可以通过在线讨论和互动，与教师和同学进行学术交流和思想碰撞。

2. 虚拟实验室与模拟平台

该大学建设了虚拟实验室和模拟平台，为学生提供丰富的实践体验。在虚拟实验室中，学生可以通过虚拟技术参与历史事件、社会实践等场景，加深对思想政治教育内容的理解。模拟平台可以模拟决策场景和社会问题，培养学生的决策能力和实践能力。

3. 数据分析工具

该大学引入了数据分析工具，对学生的学习情况进行跟踪和分析。通过数据分析工具，教师可以了解学生的学习进度和学习难点，为教学提供针对性的改进措施。同时，数据分析工具还可以对教学资源和教学效果进行评估，为学校的教学管理和决策提供科学依据。

4. 在线辅导与导师制度

学校建立了在线辅导和导师制度，为学生提供个性化的学习指导和支持。学生可以在在线平台上向教师提问，获得学习问题的解答和指导。同时，学校为学生指定专业导师，进行个别指导和学业规划，帮助学生制订学习和职业发展的计划。

5. 社交媒体平台

学校利用社交媒体平台建立思想政治教育社群，引导学生在社交媒体上进行有益的学术交流和讨论。学校还通过社交媒体平台发布思想政治教育的活动和信息，吸引学生的关注和参与。

（二）案例启示

通过以上基于现代科技的思想政治教育实施，该大学取得了显著成效。学生可以根据自己的学习兴趣和需求，自主选择学习内容和学习时间，提高学习自主性和主动性。通过虚拟实验室和模拟平台，学生可以身临其境地参与实际问题的解决过程，增强实践能力和创新意识。数据分析工具帮助教师更好地了解学生的学习情况，为教学提供科学依据。在线辅导与导师制度则提供了个性化的学习指导和支持，促进学生的全面发展。社交媒体平台为学生提供了一个开放、多元的学术交流平台，促进学生之间的思想碰撞和学术合作。

在实施过程中，该大学还面临一些挑战和需要解决的问题。首先，确保在线教学平台的稳定性和安全性是一项重要任务，避免系统故障和信息泄露对学习造成不利影响。其次，虚拟实验室和模拟平台的建设需要投入大量资源，包括技术、设备和内容的开发，确保虚拟场景的真实性和可操作性。另外，数据分析工具需要科学合理地收集和处理学生的学习数据，同时保护学生隐私。在线辅导和导师制度的实施需要保证教师的及时响应和指导质量，确保学生能够获得有效的学习支持。

为了克服这些挑战，该大学需要制定详细的实施方案和管理机制，明确各项任务和责任分工。同时，该大学还需要加强师资队伍建设，培养更多拥有现代科技应用能力的教师，确保他们能够熟练地运用技术手段进行教学和指导。此外，与学生的互动和反馈也是关键，及时收集学生对新教学方式的评价和建议，不断优化和改进思想政治教育的实施。

综合来看，基于现代科技的思想政治教育在某大学的实施取得了一定成功。通过在线教学平台、虚拟实验室、数据分析工具等现代技术的应用，该学校为学生提供了更加智能化和个性化的学习体验。然而，在实施过程中仍然面临一些挑战，需要学校继续努力和创新，不断完善和优化教育体系，确保思想政治教育工作取得更好的成果。同时，该案例也为其他高校提供了借鉴和参考，鼓励更多学校积极利用现代科技手段，提高思想政治教育质量，培养学生的创新能力和综合素质。

第二节　思想政治教育课程的创新设计与实施

一、思想政治教育课程创新的设计原则和方法

（一）针对学生需求

针对学生需求是思想政治教育课程创新的重要原则。学生作为课程的主体，他们的学习兴趣、学习风格和学习需求是课程设计的重要依据。为了满足学生的学习需求，教师可以采用多种方式了解学生，如开展问卷调查、组织小组讨论、进行一对一的学习咨询等。通过这些方式，教师可以了解学生对思想政治教育的态度、兴趣爱好以及他们希望学习的内容和形式。基于学生的反馈和需求，教师可以灵活调整教学内容和教学策略，使课程更贴近学生的实际情况，激发学生的学习兴趣和参与度。

针对学生需求的思想政治教育课程设计还可以通过设置学习目标和学习任务来引导学生学习。学习目标是教师预期学生在学习过程中要达到的知识、技能和态度。在设计课程时，教师可以将学习目标明确地告知学生，并与学生一起制订学习计划。同时，通过设定学习任务和问题，教师可以引导学生自主探究和学习，培养学生的学习兴趣和主动性。例如，在教授一个历史事件时，教师可以让学生自己寻找相关资料，了解事件的背景、影响以及不同历史学家的解释，然后进行讨论和交流。这种学习方式可以激发学生的学习热情，培养学生独立思考和解决问题的能力。

（二）整合跨学科知识

思想政治教育是一门综合性学科，涉及哲学、政治学、经济学、社会学等多个学科领域。为了培养学生综合运用不同学科知识解决问题的能力，思想政治教育课程设计应该尝试整合跨学科知识。在课程设计中，教师可以引入不同学科的观点和理论，让学生从不同角度思考问题。例如，在探讨社会问题时，教师可以引导学生分析问题的政治、经济、文化等方面的原因和影响，从而帮助学生全面理解问题的复杂性。此外，教师还可以设置跨学科的学习任务，让学生从多个学科领域获取信息和知识，培养学生综合运用知识解决问题的能力。

整合跨学科知识的思想政治教育课程设计还可以通过开设跨学科课程或模块来实现。例如，可以开设一门名为"社会问题研究"的课程，邀请多个学科领域的教师共同授课。

在这门课程中，教师可以从不同学科的角度讲解社会问题的成因和解决方案，让学生全面了解社会问题的复杂性和多样性。通过这样的跨学科课程设计，学生可以在学习中感受到不同学科的交叉和融合，拓展学科知识的广度和深度。

（三）引入实践环节

实践是思想政治教育的重要组成部分，通过引入实践环节，可以提高学生的学习效果和学习动力。实践环节包括社会调研、实地考察、模拟演练、社会实践等形式。

1. 社会调研

教师通过组织学生进行社会调研，让学生深入社会，了解实际问题和现实挑战。学生可以通过问卷调查、访谈、实地观察等方法收集数据和信息，并将其运用到课程设计中。例如，在学习政治制度时，学生可以通过调研了解不同国家的政治制度和政策实施情况，进而对比分析，加深对政治制度的理解。

2. 实地考察

教师安排学生进行实地考察，让他们亲身感受真实环境，与社会互动。例如，学生可以参观政府部门、企业组织、社会团体等，了解实际运行和管理情况，从而更好地理解政治、经济、文化等方面的问题。

3. 模拟演练

教师通过模拟演练，让学生在虚拟场景中体验真实情况，提高问题解决能力和决策能力。例如，在学习政治决策时，可以进行模拟会议，让学生扮演不同角色，提出解决问题的方案，培养学生的决策能力和团队合作能力。

4. 社会实践

教师组织学生参与社会实践活动，让他们积极投身社会事务，关注社会问题。例如，学生可以参与公益活动、志愿服务等，体验社会责任和价值观的培养。在社会实践中，学生不仅可以将理论知识应用到实际情境中，还可以形成公民意识和社会责任感。

通过引入实践环节，思想政治教育课程可以让学生从理论学习转向实践体验，帮助学生更好地理解抽象概念和理论知识，促进知识与实践相结合。同时，实践环节还可以激发学生的学习兴趣和学习动力，培养学生积极主动的学习态度。

（四）促进互动交流

思想政治教育课程创新的一个重要目标是激发学生的学习兴趣和主动性。为了实现这一目标，课程设计应该注重促进师生之间的互动交流。互动交流可以帮助教师了解学生的学习情况和学习需求，从而调整教学策略和内容。同时，互动交流还可以激发学生的学习热情，提高学生的学习参与度。

在思想政治教育课程中，可以采取多种方式促进互动交流。首先，教师可以设置课堂讨论环节，引导学生积极参与讨论，分享观点和经验。讨论环节可以让学生在思辨和交流中学习，提高学生的思辨能力和表达能力。其次，教师可以利用在线教学平台、社交媒体等工具与学生互动。通过这些平台，学生可以随时随地与教师交流，提出问题、分享想法，并得到及时的反馈和指导。最后，教师还可以利用小组合作和团队项目的形式，鼓励学生在合作中学习。学生可以通过小组讨论、团队合作等方式共同解决问题，形成团队合作能力和协调能力。通过这些互动交流方式，学生更加积极主动地参与学习，增强对课程的兴趣和投入感，提高学习效果和质量。

二、实施思想政治教育课程创新的案例分析

某大学为了提高思想政治教育的实效性和吸引学生的学习兴趣，决定进行思想政治教育课程的创新。过去，该校的思想政治教育课程主要采用传统的教学方式，学生对此缺乏主动性和参与度。因此，该校希望通过创新教学内容、教学方式和教学平台，提高思想政治教育的教学质量和学习效果。

（一）案例实施

该校成立了一个由教务处、教育科学研究中心和师资培训中心共同组成的工作组，负责思想政治教育课程创新的实施。工作组首先开展了学生需求调研，了解学生对思想政治教育课程的期望和意见。调研结果显示，学生希望课程更加贴近实际生活，增加互动交流的机会，注重培养实践能力和创新思维。

在此基础上，工作组对思想政治教育课程进行了全面的设计和规划。

首先，他们更新了课程内容，增加了跨学科的内容，将哲学、政治学、经济学、社会学等学科知识融入其中。课程设计注重引导学生从不同学科角度思考问题，培养学生综合运用知识解决问题的能力。

其次，他们引入了实践环节，开设了思想政治实践课程，组织学生参与社会调研、实地考察、模拟演练等活动。实践环节让学生在实际场景中应用知识，培养实践能力和解决问题的能力。

最后，工作组建设了在线教学平台和虚拟实验室，为学生提供丰富的学习资源和互动交流的机会。在线教学平台支持学生随时随地进行学习，自主选择学习内容和学习节奏。虚拟实验室提供虚拟场景和模拟平台，让学生参与实际问题的解决过程，增强学习的感知和体验。

（二）案例延伸

思想政治教育课程创新在学校内得到了广泛推广。不仅是思想政治教育课程，其他学科的课程也开始逐步探索创新，增加实践环节和互动交流，提高学习质量和效果。在教师培训方面，该校加强了对教师的培训和指导，帮助教师掌握新的教学方法和工具，提高教学水平。同时，在学生评估方面，该校增加了综合评估学生综合素质的项目，注重培养学生的实践能力、创新能力、团队合作能力等。

（三）案例启示

该案例启示我们，在思想政治教育课程的创新中，应该关注学生的需求和反馈，引入实践环节和互动交流，综合评估学生的综合素质。同时，创新教学内容和教学方式，整合跨学科知识，引入现代科技工具，为提高思想政治教育效果和学生的学习兴趣提供有力支持。

1. 关注学生需求与反馈

学生是课程的主体，应该充分尊重学生的需求和意见。通过开展学生需求调研和反馈收集，该校可以了解学生对思想政治教育的期望和建议，从而更好地满足他们的学习需求。学生的反馈也可以作为课程改进的依据，及时调整教学策略和内容，提高教学质量。

2. 引入实践环节和互动交流

传统的思想政治教育课程往往以纸上谈兵为主，学生被动接受知识。而创新的课程设计应该注重引入实践环节和互动交流，让学生在实际场景中应用知识，增强学习的感知和体验。通过讨论、合作、演练等形式，激发学生的学习兴趣，培养学生的独立思考和问题解决能力。

3. 整合跨学科知识与现代科技工具

思想政治教育是一门综合性学科，应该尝试整合跨学科知识，让学生从不同学科角度思考问题。同时，现代科技工具如在线教学平台、虚拟实验室等为思想政治教育提供了更多可能性，增加学习资源和互动交流的机会，为学生提供更加灵活和自主的学习体验。

4. 评估学生综合素质

思想政治教育的目标不仅是学习知识，更重要的是培养学生的综合素质。因此，评估学生综合素质是课程创新的重要一环。在评估中，该校应该注重学生的思想道德素质、社会责任感、创新能力、团队合作能力等方面。通过综合评估，该校可以了解学生的全面发展情况，为学生的个性化发展提供有效指导。

综合上述案例分析和启示，思想政治教育课程的创新应该紧紧围绕学生需求，关注实践与互动，整合跨学科知识与现代科技工具，以及评估学生综合素质。创新的思想政治教育课程可以为学生提供更加丰富多样的学习体验，培养他们的综合能力和创新意识，更好地适应现代社会的发展需求。同时，学校教育管理部门和教师团队在推进课程创新中应积极合作，不断总结经验，改进和完善，为思想政治教育的提升与发展贡献力量。

第三节　社会机构参与的思想政治教育创新案例

一、社会机构参与思想政治教育创新的模式和作用

（一）社会机构参与思想政治教育创新的模式

1. 创新项目合作模式

在创新项目合作模式中，学校与社会机构共同合作开展一系列具有创新性和社会意义的项目。这些项目包括社会调研、政策研究、公益活动等，旨在提高学生对社会问题的认识和解决能力。社会机构作为合作伙伴，提供专业资源和实践经验，指导学生进行项目研究和实践活动。通过这种合作模式，学生能够接触真实的社会问题，深入了解社会现状，培养批判性思维和创新能力。

例如，一所大学与环保组织合作开展环境保护项目。学生团队通过调研和实地考察，了解当地环境问题，并提出改善方案。环保组织为学生提供专业指导和支持，帮助他们制订有效的调研计划和解决方案。通过这个项目，学生不仅学到了理论知识，还了解了环境保护实践的重要性，培养了环保意识和责任感。

2. 专家指导模式

在专家指导模式中，社会机构中的专家和学者担任学生的导师，指导他们的研究项目和课题。这些专家通常具有丰富的经验和知识，在思想政治教育领域有深入的研究和实践。通过与专家的交流和指导，学生可以在研究中获得专业支持和指导，提高学术水平和研究能力。同时，专家指导模式还可以促进学术交流和合作，推动学术研究和实践创新。

例如，一所高校的政治学系与政策研究中心合作，邀请相关领域的专家担任学生的研究导师。学生在导师的指导下，开展独立的研究项目，深入探讨政策问题和社会现象。导师为学生提供专业建议和学术引导，帮助他们完成高质量的研究论文。这种模式不仅提高了学生的学术水平，还促进了学校与社会研究机构之间的合作和交流。

3. 创新比赛与评奖模式

在创新比赛与评奖模式中，社会机构可以组织创新比赛和评奖活动，鼓励学生参与思想政治教育领域的创新实践。这些比赛涵盖学术论文、创意设计、社会调研等多个方面，激发学生的创新思维和实践动力。社会机构为优秀的创新项目提供奖金、奖学金、实习机会等奖励，激励学生积极参与创新竞赛。

例如，一家智库组织举办政策设计比赛，邀请学生参与国家重要政策的设计和研究。学生可以结合自己的专业知识和实际情况，提出创新性的政策方案。评委由智库专家和政

策制定者组成，对学生的项目进行评选和评估。获奖的学生将获得智库的资助和支持，帮助他们进一步深化研究和实践。

4.社会资源共建模式

在社会资源共建模式中，社会机构与学校共建思想政治教育资源中心或实践基地，共享资源、设施和信息。社会机构可以为学校提供实践场所、实践项目等资源，为学生提供更多实际学习和实践机会。学校可以为社会机构提供专业教育服务和研究合作，形成互利共赢的合作关系。

例如，一所高校与社会发展研究院合作共建社会发展实践基地。学校提供实践场所和设施，允许社会发展研究院的专业人员和学生在校内开展社会调研和实践活动。学校的政治学专业学生可以参与社会发展项目，了解社会问题和发展趋势。社会发展研究院可以为学校提供研究课题和实践项目，促进学校与社会研究机构之间的深度合作。

5.社会活动与讲座模式

社会机构可以举办思想政治教育相关的社会活动和讲座，为学生提供学习交流的平台。这些活动可以涵盖社会热点问题、历史事件解读、政策解析等多个方面，拓宽学生的学习视野，增长见识。社会活动与讲座模式也可以促进学校与社会的紧密联系，推动思想政治教育的全面发展。

例如，一家社会公益组织举办青年论坛，邀请学校的思想政治教育学者和专家举办讲座。学生可以参与论坛，与专家进行学术交流和讨论。论坛内容涵盖国内外政治热点、社会问题等，学生可以从中了解不同视角的观点和解决方案。这样的社会活动为学生提供了一个与专家学者面对面交流的机会，丰富了思想政治教育的内容和形式。

（二）社会机构参与思想政治教育创新的作用

1.丰富教育资源

社会机构参与思想政治教育创新，为学校带来丰富的教育资源。社会机构通常拥有各类专业知识和丰富的实践经验，能够提供学校无法覆盖的学习资源。例如，智库组织可以提供最新的政策研究成果和社会调研数据，为学生提供解决实际问题的参考和依据。政府部门可以提供相关政策文件和法规，帮助学生深入了解国家政策和法律背景。公益组织可以提供社会实践项目和志愿服务机会，让学生参与社会实践，增长社会经验。

2.提高教育质量

社会机构的专家和学者参与思想政治教育的教学和研究，能够提高教育质量和水平。他们通常具有深厚的学术造诣和实践经验，能够为学校带来最新的学术动态和实践案例。社会机构的专家可以担任学生的导师，对学生进行个别指导和支持，帮助他们深入研究学术问题，提高学术水平。与专家的学术交流也能激发学生的学习热情，促进学术思辨和创新。

3.拓宽学习视野

社会机构通常与实际问题紧密相关，他们的研究和实践案例可以帮助学生拓宽学习视野。学校与社会机构合作开展调研项目、实地考察等实践活动，让学生深入了解社会现状和问题。通过与社会机构的合作，学生能够接触到多样的社会问题和挑战，培养对复杂社会现象的理解和分析能力。在实践活动中，学生还可以与社会机构的专业人员互动交流，了解社会问题背后的实际情况，加深学习的深度和广度。

4. 增强实践能力

社会机构的参与为学生提供了更多实践机会，增强学生的实践能力。社会实践是将理论知识应用于实际问题的重要环节。学校与社会机构合作开展社会实践项目，让学生参与真实的社会问题解决过程。通过实践，学生能够形成解决实际问题的能力，提高团队合作和沟通能力，增强学习的实践性和针对性。

5. 提供行业导向

社会机构通常与行业和职业发展密切相关，他们能够为学生提供职业发展的指导和支持。通过与社会机构合作，学生了解不同行业的职业需求和发展趋势，为自己的职业规划做出明智决策。社会机构可以举办职业规划讲座、招聘会等活动，帮助学生了解职业选择的各个方面，并提供实习和就业机会，为学生的职业发展奠定基础。

6. 增强学校社会影响力

学校与社会机构合作不仅为学校带来丰富的资源和支持，还能增强学校的社会影响力。通过与社会机构合作开展创新项目、社会实践和研究活动，学校能够在社会上树立良好的形象和声誉。社会机构通常在特定领域拥有一定的影响力和知名度，与之合作可以吸引更多关注，获得更大认可。合作项目的成功实施和成果展示也能加强学校在社会中的地位，为学校的品牌建设和发展带来正面影响。

7. 推动学术研究和实践创新

社会机构的参与为学校带来新的学术研究和实践创新方向。学校与社会机构共同开展研究项目和实践活动，可以为学术研究和实践创新提供更广阔的平台和资源。社会机构通常在特定领域有深入的研究和实践经验，能够为学校带来新的研究课题和解决方案。学校与社会机构的学术交流和合作，促进了学术和实践相融合，推动了思想政治教育领域的学术发展。

8. 培养社会责任感

社会机构参与思想政治教育创新，可以为学生树立正确的社会价值观和责任感。学校与社会机构合作开展公益项目和社会实践，让学生了解社会问题和弱势群体的需求，培养学生的社会责任感。通过实践活动，学生能够亲身体验社会服务的意义，理解个人与社会的联系，激发学生为社会做贡献的愿望。

9. 促进产学研用结合

社会机构的参与促进了学校与社会的产学研用结合。学校作为教育机构，注重理论知识的传授和学术研究，而社会机构则更加注重实践应用和问题解决。两者合作开展项目，既能将学校的理论知识应用到实际问题中，也能使社会机构从学校的研究成果中受益。产学研用结合促进了知识的传递和转化，推动了学术研究和实践创新的有机结合。

10.培养学生综合素养

通过与社会机构合作开展创新项目和实践活动，学生不仅可以掌握学科知识，还能培养综合素养。综合素养包括学科知识、实践能力、创新意识、社会责任感等多个方面。社会机构的参与使学生能够在实际问题中运用所学知识，发展解决问题的能力。与专业人士的交流和合作，培养了学生的创新意识和合作精神。同时，学生在社会实践中也能体验到自己对社会的责任和贡献，加强社会责任感。

11.增进学校与社会的合作与交流

社会机构的参与促进了学校与社会的合作与交流。学校与社会机构的合作不局限于单一项目或活动，更建立了长期的合作关系。通过与社会机构的合作，学校能够与社会建立更加紧密的联系和合作机制。学校可以邀请社会机构的专家参与教学和学术活动，丰富学校的师资力量和学术资源。同时，学校也可以为社会机构提供教育培训服务，提升其员工的专业素养和能力。

社会机构的参与还为学校提供了更多与社会交流的机会。学校可以通过与社会机构的合作开展各类论坛、研讨会、学术交流活动等，邀请社会机构的代表和专家参与。这些交流活动不仅丰富了学校的学术氛围，还提高了学校在学术界和社会中的知名度和影响力。

12.推动社会机构社会责任的履行

社会机构参与思想政治教育创新，不仅对学校和学生有益，也对社会机构自身产生积极影响。通过与学校合作开展教育和公益项目，社会机构能够更好地履行社会责任，回馈社会。社会机构通常有一定的社会资源和影响力，他们的参与为教育领域和公益事业注入了新的动力和活力。

13.增强学生社会竞争力

社会机构参与思想政治教育创新，为学生提供了更多的实践和锻炼机会，增强了学生的社会竞争力。通过与社会机构合作实践项目，学生能够在真实的社会环境中锻炼自己的能力，形成解决问题和适应变化的能力。学生在实践中表现优异，也可能获得社会机构的认可和青睐，为自己的职业发展和就业创造更多机会。

14.推动社会机构的创新发展

社会机构参与思想政治教育创新，也为自身的创新发展带来新的机遇。通过与学校的合作，社会机构能够了解学校的教育理念和教学模式，吸收先进的教育理念和管理经验。同时，社会机构与学校的合作也能为其带来新的合作伙伴和项目，推动其在行业中的创新发展。

社会机构参与思想政治教育创新的作用是多方面的。它丰富了教育资源，提高了教育质量，拓宽了学习视野，增强了学生的实践能力和综合素养。同时，社会机构的参与促进了学校与社会的合作与交流，推动了学术研究和实践创新，提高了学校的社会影响力。此外，社会机构的参与也为学校学生的职业发展和社会竞争力提供了有力支持，同时推动了社会机构社会责任的履行和创新发展。因此，建立学校与社会机构的合作关系，共同推动思想政治教育的创新和发展，将对教育事业和社会进步产生积极影响。

二、社会机构参与思想政治教育创新的实践案例

（一）社会机构与高校合作开展社会实践项目

一直以来，某大学思想政治教育课程注重理论教学，但学生对课堂知识的实际应用和社会问题的认知相对薄弱。为了提升学生的实践能力和社会责任感，学校决定与一家社会公益组织合作，开展社会实践项目，让学生亲身参与社会实践活动，了解社会问题并探索解决方案。

1. 案例实施

学校与该社会公益组织合作，共同策划社会实践项目。首先，由该社会组织的专业人员为学生进行一系列培训，包括社会调研方法、问题意识培养、团队合作等。接着，学生分组前往社区、农村、城市边缘等不同地区，开展社会实践活动。学生在实践中与当地居民交流，了解他们面临的社会问题和需求。在实践过程中，学生还要与社会组织专业人员密切合作，获得指导和支持。

2. 案例延伸

社会实践项目取得了良好的效果，学生通过实践深入了解社会现实问题，增强了社会责任感。项目结束后，学校与社会组织继续合作，将实践成果进一步延伸。他们组织学生撰写实践报告，并举办交流会，让学生分享实践心得和成果。此外，学校还将部分优秀实践成果整理成小册子，向社区居民和其他学生进行宣传，扩大实践影响力。

3. 案例启示

社会机构与高校合作开展社会实践项目，不仅拓展了学生的学习领域，增强了他们的实践能力，还让学生深入了解社会问题，树立正确的价值观。此外，社会机构的专业指导也为学生的实践提供了有力支持，确保了实践活动的质量和效果。学校与社会机构的合作还延伸了实践项目的影响，将实践成果传播至更多人群，收获更大的社会效益。

（二）社会机构举办思想政治教育讲座与培训

一家社会研究机构专注于思想政治教育领域的研究和实践，拥有丰富的学术资源和专家团队。为了将研究成果应用于实际教育，该机构决定与高校合作，举办思想政治教育讲座与培训，为学生和教师提供更丰富的学习资源。

1. 案例实施

该社会研究机构与高校教务处合作，策划一系列思想政治教育讲座与培训活动。他们邀请机构内部的专家和学者，围绕当下社会热点问题、历史事件解析、政策演讲等内容，为学生和教师进行深入解读。讲座分为线上和线下两种形式，旨在满足不同学生的学习需求。此外，该社会研究机构还为学校教师提供专业培训，分享最新的教学理念和教育方法，帮助教师提高教学水平。

2.案例延伸

讲座和培训活动获得了学生和教师的积极反响,参与人数逐渐增加。为了进一步推动思想政治教育的创新,该社会研究机构与高校决定在讲座和培训的基础上,开展更加深入的合作。

首先,该社会研究机构与高校教务处共同设立了思想政治教育研究中心。该中心汇集了该社会研究机构的专家团队和高校教师的力量,共同开展研究项目。研究中心旨在探索新的思想政治教育模式和方法,整合学术资源,促进学术交流。研究中心组织定期的学术研讨会和学术报告会,邀请国内外专家参与,推动学科发展和创新。

其次,该社会研究机构与高校联合开展思想政治教育实践项目。他们共同策划了一系列社会实践活动,包括社区服务、公益活动、政策倡导等。通过实践活动,学生可以在实际问题中应用所学知识,增强社会责任感和公民意识。此外,该社会研究机构为实践项目提供专业指导和资源支持,确保项目的质量和效果。

最后,该社会研究机构与高校共同开展教育推广活动。他们联合举办思想政治教育主题周、宣传展览等活动,向公众宣传思想政治教育的重要性和意义。通过多种形式的宣传,他们希望引起社会各界对思想政治教育的关注和支持,促进全社会共同参与思想政治教育事业。

通过社会机构与高校的深度合作,思想政治教育得到了全面的提升和拓展。该社会机构为高校带来了丰富的学术资源和实践经验,提高了学校的教育质量和影响力。高校则为该社会机构提供了学术交流和实践合作的平台,推动了该社会机构的发展和影响力。

3.案例启示

该社会机构参与思想政治教育创新,为高校提供了宝贵的资源和支持。通过合作开展各类活动,高校得以拓展学生的学习领域,增强实践能力,提高学术研究水平。而该社会机构则通过与高校合作,扩大了自身的影响力和社会贡献。双方的合作不仅提高了思想政治教育质量,也推动了学科创新与实践创新的发展。因此,该社会机构参与思想政治教育创新是一种有益而可行的合作模式。

第六章 思想政治教育创新的评价与改进

第一节 思想政治教育创新评价的指标体系

一、思想政治教育创新评价指标的构建原则

构建有效的思想政治教育创新评价指标是确保教育创新成效的关键步骤。评价指标应当全面、科学、可操作，能够全面反映教育创新的质量和效果。

（一）多维度全面性原则

评价指标应该从多个维度对思想政治教育创新进行评估，包括教学质量、学生发展、社会影响等方面。评价指标要全面反映思想政治教育创新的各个方面，确保评价结果全面准确。

1.教学质量维度

教学质量是思想政治教育创新的核心要素之一。在评价指标中，主要包括以下方面：

教学内容。评估教学内容是否紧贴时代需求、贴近学生生活实际，是否包含创新的教育理念和思想政治教育前沿知识。

教学方法。评估教学方法是否多样化，是否采用了现代科技手段和互动式教学，是否能激发学生的学习兴趣和主动性。

教学资源。评估教学资源是否丰富多样，包括教材、教辅、多媒体资料等，是否能够满足学生的学习需求。

教师水平。评估教师的教学能力、专业素养、互动与引导能力，是否能够有效地传授知识和培养学生的创新能力。

2.学生发展维度

思想政治教育创新的目标之一是促进学生全面发展。因此，在评价指标中，主要包括以下方面：

学生成长。评估学生在思想政治教育中是否形成正确的世界观、价值观和人生观，是否具备社会责任感和国家意识。

学习能力。评估学生的学习成绩、学业进步，以及学习方法和学习策略的改进情况，是否具备终身学习的能力。

创新能力。评估学生的创新意识、创新能力和创新实践成果，是否能够运用所学知识解决实际问题。

综合素质。评估学生的身心健康、社交能力、团队合作能力等综合素质的提升情况，是否形成全面发展的个性。

3.社会影响维度

思想政治教育创新不仅关乎学校内部，还与社会密切相关。在评价指标中，主要包括以下方面：

社会认知度。评估思想政治教育创新在社会上的知名度和认知度，是否引起了广泛关注和关心。

社会反响。评估思想政治教育创新对社会的影响和作用，是否获得了积极的社会反响和社会效益。

社会参与度。评估社会机构和公众对思想政治教育创新的参与程度和支持程度，是否形成了良好的社会合力。

（二）可量化可操作性原则

评价指标应该能够量化和衡量，使得评价过程客观、可比较。同时，指标的定义和测量方法应该具备可操作性，方便评价人员进行评估和统计分析。

1.设定具体指标和标准

评价指标应该具有明确的定义和衡量标准，确保指标的可量化。例如，教学质量可以用学生的学习成绩、教师的教学评价等来衡量，学生发展可以用学生的综合素质评估、学习动机调查等来衡量，社会影响可以用社会认知度调查、社会反响的调查等来衡量。

2.使用量化数据和指标

收集和分析大量数据是实现可量化评价的关键。通过学生的测验成绩、学习进度、作业质量等数据，教学质量得到评估；通过学生的问卷调查、成长档案记录等数据，学生发展得到评估；通过社会媒体的数据分析和调查问卷，社会影响得到评估。

3.制定评价流程和标准操作规范

评价过程应该有明确的流程和标准操作规范，确保评价的可操作性。评价人员应该按照标准操作规范，采集数据、处理数据、分析数据，并得出客观准确的评价结果。

4.使用统计和分析工具

为了更好地衡量和分析数据，评价过程中可以使用统计和分析工具。例如，可以使用 SPSS、Excel 等软件进行数据处理和统计分析，得出科学的评价结论。

5.及时反馈和改进

可量化可操作的评价指标不仅有助于确保评价结果的准确性，还能为教育实践提供及时的反馈和改进意见。学校和教育机构可以根据评价结果，调整教学方法、完善教学资源，从而不断提高思想政治教育的创新效果。

通过可量化可操作性原则的应用，思想政治教育创新的评价更加科学、客观和准确，为教育实践的持续改进和优化提供有效的参考依据。同时，也可以增强评价的可比较性，促进不同学校和教育机构之间的经验分享和借鉴。

（三）科学性和可靠性原则

评价指标应该基于科学的理论和研究，确保评价结果具备科学性和可靠性。评价指标的构建要参考相关的教育理论和研究成果，确保指标的有效性和准确性。

1. 基于教育理论和研究

评价指标的构建应该基于相关的教育理论和研究成果。教育领域有许多经典理论和研究成果，如教育心理学、教育学习理论、教育评价方法等，这些理论和研究可以为评价指标的设计提供科学依据。

2. 专家评审和论证

在确定评价指标时，评价人员可以邀请教育专家、学者和从业人员进行评审和论证。通过专家的意见和建议，可以进一步确保评价指标的科学性和合理性。

3. 有效性验证

评价指标的设计应该经过有效性验证，确保指标能够准确地反映教育创新的效果。可以通过实地调查、问卷调查、实验研究等方法，验证评价指标的有效性和可靠性。

4. 使用可信数据来源

评价过程中使用的数据应该有可信的来源。例如，学生的学习成绩可以来自学校教务系统，学生的学业发展可以通过学校档案记录来获取，社会影响可以通过社会调查和媒体报道来获取。

5. 重复性和稳定性测试

评价指标应该具备重复性和稳定性，即在不同时间和环境下，评价结果应该保持一致和稳定。可以通过多次测试和数据收集来验证指标的重复性和稳定性。

6. 统计分析和结果解释

评价过程中可以使用统计分析工具，对数据进行科学处理和结果解释。统计分析可以帮助验证评价指标的可靠性和有效性，并得出科学的评价结论。

通过应用科学性和可靠性原则，可以确保思想政治教育创新评价的科学性和准确性。这有助于评价人员更好地选择合适的指标和数据来源，从而得出可靠、科学的评价结果，为教育实践和政策制定提供有力支持。同时，可以提高评价结果的可比较性，促进不同地区和机构之间的经验共享和借鉴。

（四）目标导向原则

评价指标应该与思想政治教育的目标和要求相一致。评价指标要能够准确反映思想政治教育创新的目标和期望，帮助评估者了解是否达到预期效果，并为改进和优化提供指导。

1. 明确教育目标

在进行评价之前，必须明确思想政治教育创新的目标和要求。教育目标应该具体、可衡量和可操作，以便后续评价能够基于这些目标进行。

2. 设计相应指标

根据教育目标，设计与之相对应的评价指标。评价指标应该涵盖教育创新的各个方面，包括教学效果、学生发展、社会影响等，以确保评价的全面性。

3. 量化目标要求

教育目标通常包括具体的要求和期望。评价指标应该能够量化这些目标要求，使其成为可衡量的指标。例如，教学效果可以用学生的学习成绩和知识掌握程度来衡量，学生发展可以用学生的能力提升和综合素质发展来衡量。

4. 设定合理标准

在设计评价指标时，评价人员还要设定合理的评价标准。标准应该与教育目标相匹配，可以根据实际情况和历史数据进行设定，确保评价结果的客观性和可比性。

5. 对比实际情况

在进行评价时，评价人员要将评价结果与教育目标进行对比。通过对比，可以了解教育创新是否达成预期目标，是否需要调整和优化教育策略。

6. 反馈和改进

评价结果应该为教育实践和决策提供有力的反馈信息。如果评价结果与教育目标不一致，可以通过反馈信息找出问题所在，进行改进和优化，以更好地实现教育目标。

通过应用目标导向原则，可以确保思想政治教育创新评价与教育目标相一致，为教育实践和政策制定提供针对性的指导和支持。同时，也可以帮助评价人员更加准确地了解教育创新的实现情况，促进教育创新的持续改进和优化。

（五）灵活性和适应性原则

评价指标要具备灵活性和适应性，能够适应不同学校、不同阶段、不同需求的情况。评价指标应该具备可调整和补充的特点，以适应不断变化的教育环境和需求。

1. 定制化评价指标

不同学校或不同教育阶段的思想政治教育创新面临不同的挑战和目标。因此，评价指标应该定制化，根据实际情况和特定需求进行调整和补充。学校可以根据自身的发展定位和特点，选择合适的评价指标，确保评价的针对性和适应性。

2. 引入灵活的评价方法

评价指标的灵活性还体现在评价方法的选择上。不同的思想政治教育创新需要采用不同的评价方法，如问卷调查、实地考察、观察记录等。评价人员可以根据实际情况选择最适合的评价方法，以获得更全面准确的评价结果。

3. 持续跟踪和调整

教育环境和需求是不断变化的，因此评价指标也应该进行持续跟踪和调整。学校可以定期对评价指标进行回顾和评估，根据评价结果和实际需求做出调整和改进，确保评价指标的实用性和有效性。

4. 多元化数据收集

为了确保评价的全面性和准确性，可以采用多元化的数据收集方法。除了定量数据外，还可以收集定性数据和案例材料，以丰富评价数据的维度和层次。

5. 促进经验交流和合作

在评价过程中，学校可以与其他学校和社会机构进行经验交流和合作，分享评价经验和成果。这样可以借鉴他校的先进经验，相互学习，推动教育创新的共同进步。

通过应用灵活性和适应性原则，思想政治教育创新评价更加贴近实际，更加符合实际需求。评价指标的灵活性和适应性可以使评价过程更具灵活性和针对性，为教育实践和政策制定提供参考和支持。

（六）参与性和反馈性原则

评价指标的构建应该充分考虑相关利益方的意见和反馈，确保评价过程的参与性和透明度。评价指标要能够反映各方利益的需求和关注点，为改进和决策提供有意义的信息。

1. 利益相关方参与

评价指标的构建和评价过程应该让各个利益相关方参与其中。这包括学生、教师、家长、学校管理者、社会机构等。他们可以通过问卷调查、座谈会、讨论小组等方式参与指标的制定，提出自己的意见和建议，确保评价指标能够反映他们的需求和关切。

2. 透明的评价过程

评价过程应该是透明的，评价指标的制定和数据收集过程应该向所有利益相关方公开。这有助于参与者了解评价的目的和方法，提高评价结果的可信度和可接受度。

3. 反馈和沟通机制

评价过程应该设立反馈和沟通机制，及时向利益相关方反馈评价结果，并提供解释和建议。这有助于利益相关方了解评价结果的意义和影响，为改进和决策提供依据。

4. 定期回顾和修订

评价指标应该定期进行回顾和修订，以适应不断变化的教育环境和需求。利益相关方可以参与指标的修订过程，提出改进意见，确保评价指标的有效性和实用性。

5. 鼓励反馈意见

评价过程应该鼓励各方提出反馈意见，包括对评价指标的内容、方法、结果等方面的意见。这有助于增进评价过程的民主性和公正性，确保评价指标的科学性和客观性。

通过应用参与性和反馈性原则，思想政治教育创新评价更具代表性和参与性，确保评价过程充分考虑各方利益和需求，提高评价结果的可信度和有效性。同时，参与性和反馈性原则也有助于增进各方之间的理解和合作，推动教育创新的共同进步。

以上原则可以指导评价指标的构建，确保评价过程科学、准确、可操作，促进思想政治教育创新的持续改进和发展。

二、思想政治教育创新评价指标体系的内容和框架

（一）教学质量评价指标

1. 教学目标达成度

评估思想政治教育创新是否实现既定的教学目标。这包括教学内容是否覆盖全面、教学目标是否清晰明确、学生是否掌握核心知识和理念等。

2. 教学方法多样性

评估思想政治教育创新是否采用多样的教学方法和手段。这包括互动式教学、案例教学、实践活动、虚拟实验等，以激发学生的学习兴趣和提高教学效果。

3. 学习资源丰富性

评估思想政治教育创新是否提供丰富的学习资源。这包括教材、课件、多媒体教学资料、在线学习资源等，以支持学生自主学习和拓宽学习视野。

4. 教学评估与反馈

评估教学过程中是否及时进行评估和反馈。这包括教师对学生学习情况的了解和关注，学生对教学质量的评价和反馈等，以促进教学持续改进。

（二）学生发展评价指标

1. 学业成绩表现

评估学生在思想政治教育中的学业成绩表现。这包括考试成绩、作业成绩、学术研究成果等，以反映学生学习成果和学术水平。

2. 实践能力培养

评估思想政治教育是否能够培养学生的实践能力。这包括社会实习、模拟演练、实践项目等，以提高学生解决实际问题的能力。

3. 创新能力培养

评估思想政治教育是否能够培养学生的创新能力。这包括学术论文、创意设计、创业项目等，以激发学生的创新思维和实践动力。

4. 综合素质发展

评估学生在思想政治教育中的综合素质发展。这包括思想道德素质、社会责任感、团队合作能力等，以培养全面发展的学生。

（三）社会影响评价指标

1. 社会认可度

评估思想政治教育创新在社会中的认可度。这包括教育部门、社会机构、媒体等对教育创新的评价和反馈，以反映其在社会上的声誉和影响力。

2. 教育改革推广性

评估思想政治教育创新是否具有推广应用的潜力。这包括是否能为其他学校和地区提供经验和借鉴，以推动教育改革和创新发展。

3. 学生就业率和职业发展

评估思想政治教育创新对学生就业率和职业发展的影响。通过调查和数据统计，了解学生毕业后的就业情况和职业发展状况，以验证教育创新对学生职业生涯的支持程度。

4. 社会服务能力

评估学生在思想政治教育创新中是否培养了社会服务意识和能力。这包括学生参与社区服务、公益活动等情况，以衡量教育创新对学生社会责任感的培养效果。

5. 社会参与度

评估学生在思想政治教育创新中是否积极参与社会事务。这包括学生参与公共讨论、社会活动等情况，以反映教育创新对学生社会参与能力的促进作用。

（四）教师贡献评价指标

1. 教学水平和能力

评估教师在思想政治教育创新中的教学水平和能力。这包括教学评估结果、学生评价、教学成果等，以反映教师在教育创新中的贡献程度。

2. 创新教学实践

评估教师是否积极参与思想政治教育创新的实践活动。这包括教师开发新的教学方法、设计创新的教学内容等，以展示教师在教育创新方面的付出和贡献。

3. 师生互动质量

评估教师与学生之间的互动质量。这包括教师是否能够积极引导学生思考、回答学生问题的质量等，以体现教师在教学中的关心和支持。

4. 教学反馈和改进

评估教师是否能够及时获取学生反馈，并进行教学改进。这包括教师是否倾听学生意见、改进教学方法等，以体现教师对教学的反思和进步。

（五）自我评估与改进指标

1. 自我评估体系

评估学校或教育机构是否建立了完善的自我评估体系。这包括教育创新的自我评估指标、评估方法和周期等，以确保评价过程的科学性和可持续性。

2. 教育创新改进计划

评估学校或教育机构是否根据评价结果制订了教育创新改进计划。这包括改进计划的目标、措施和实施进度等，以体现学校对教育创新的持续改进和发展。

3. 教育创新成效评估

评估学校或教育机构对教育创新成效的跟踪和评估。这包括教育创新实施后的教学质量提高、学生发展水平提高等，以反映教育创新的实际成效。

第二节　思想政治教育创新评价方法与工具

一、思想政治教育创新评价的方法和途径

思想政治教育创新的评价方法和途径应该综合运用定性和定量的研究方法，涵盖多种数据来源，以全面、客观地评估教育创新的效果。

（一）教学成绩评估

学校根据学生的考试成绩、作业成绩和课堂表现等来评估教学创新的效果。这是最直接的评价方式之一，可以反映学生在知识掌握和理解上的水平。

1. 作用

直观反映学生掌握程度。教学成绩是学生学习成绩的直观反映，可以评估学生在课程中所学知识和理解的程度。对于思想政治教育创新课程来说，教学成绩可以体现学生对相关理论、政策、历史事件等方面的掌握情况。

评估教学效果。教学成绩直接关联着教学效果，通过对学生成绩的分析，学校可以了解教学创新是否取得预期效果。如果教学成绩普遍较好，表明教学创新会对学生学习产生积极影响；反之，若成绩较差，则需要进一步探讨教学方法和内容是否需要调整优化。

反馈教学改进。教学成绩评估为教师提供了及时的反馈信息。通过分析学生成绩，教师可以了解学生的学习状况，掌握学生的学习难点和薄弱环节，有针对性地调整教学策略，以提高教学效果。

学生学习动机。教学成绩还能够影响学生的学习动机。一方面，成绩的优异会增强学生的学习自信心和学习动力；另一方面，成绩的不理想会促使学生努力提高学习效果。

2. 注意事项

多维度评估。教学成绩评估虽然直观，但不能完全代表学生对思想政治教育创新的理解和认识。因此，教师应该与其他评估方法相结合，从多个角度综合评估教学创新效果。

考试内容与教学目标匹配。考试内容应与教学目标相匹配，体现教学创新的重点和重要内容。不应仅注重记忆性的知识考查，而忽略思考能力和综合运用能力的培养。

公正公平。在教学成绩评估中要注意公正公平，确保评估的客观性和准确性。不应该仅凭考试成绩来评价学生的能力和学习成果，还应考虑其他因素的影响。

引导积极心态。对于学生成绩不理想的情况，教师应引导学生积极对待，鼓励他们找到学习不足之处并改进，而不是灰心丧气。

科学合理的教学成绩评估，可以为教学改进和优化提供有力的支持和指导，帮助教育

创新取得更好的效果。同时也要注意教学成绩评估的局限性，将其与其他评估方法相结合，形成全面、多角度的评价体系。

（二）学生满意度调查

通过问卷调查或面谈等方式，征求学生对教学创新的满意度和意见。学生满意度调查有助于了解学生对教学内容、教学方法、教学环境等方面的看法，为改进教育创新提供参考。

1.作用

了解学生反馈。学生满意度调查能够直接了解学生对教学创新的反馈意见。学生可以通过问卷调查或面谈等形式表达对教学内容、教学方法、教学资源等方面的看法，为教师和学校提供有价值的信息。

发现问题和不足。通过学生满意度调查，教师可以及时发现教学创新中存在的问题和不足之处。学生的反馈涵盖学习过程中的困惑、教学内容的欠缺、教学资源的不足等，有助于改进教学方案。

调整教学策略。学生满意度调查可以为教师提供改进教学策略的线索。根据学生的反馈意见，教师可以调整教学方式、优化教学内容，更好地满足学生的学习需求。

提高学习动力。学生满意度调查还可以增强学生的学习动力。学生知道他们的反馈被重视和采纳，会感到被尊重和关心，从而更加积极地参与学习。

2.注意事项

保障匿名性。学生满意度调查应该保障学生的匿名性，确保学生可以自由表达真实的看法，不受任何影响。

问卷设计合理。若采用问卷调查，问卷设计应该合理，问题具有明确性和针对性，以便获取准确和有用的信息。

多样化方法。学生满意度调查可以采用多种方法，如问卷调查、面谈、小组讨论等，以获取更全面的反馈信息。

关注学生意见。教师和学校要重视学生的反馈意见，认真分析和整理调查结果，及时采取措施改进教学创新。

通过积极收集学生的反馈意见，教师和学校可以更好地了解学生的需求，改进和优化教学创新，提高教学质量和学生满意度。同时，还需要注意调查过程的科学性和合理性，确保评价结果的准确和可靠。

（三）教师评估和自我评估

教师是教育创新的关键推动者，因此对教师的评估至关重要。学校可以通过同行评议、学生评价、教学观摩等方式，对教师的教学水平和创新能力进行评估。

1.教师评估方法

（1）同行评议

同行评议是一种常见的教师评估方法，通过邀请其他教师对教学进行观摩和评估，以获取专业的反馈意见。同行评议可以促进教师之间的交流与合作，提供改进教学的建议和指导。

（2）学生评价

学生评价是评估教师的重要手段之一。通过学生的问卷调查、课堂评价等方式，学校可以了解学生对教师教学效果、教学方法和教学态度的看法。学生评价可以提供宝贵的反馈信息，帮助教师改进教学方式，更好地满足学生的学习需求。

（3）教学观摩

教学观摩是一种互动性强的评估方法。通过观摩其他教师的课堂，教师可以了解其教学方法和策略以及教学效果。教师可以通过观摩他人的教学实践，获取启发和借鉴，改进自己的教学创新。

（4）专家评估

学校可以请教育专家对教师进行评估，通过专业的角度对教师的教学能力和创新能力进行评估。专家评估可以提供专业的指导和建议，帮助教师提高教学水平和创新能力。

2.自我评估方法

（1）教学日志

教师可以通过撰写教学日志来进行自我评估。教学日志记录教学过程中的思考、观察和反思，帮助教师审视自己的教学实践，发现问题并提出改进措施。

（2）自我反思

教师可以定期进行自我反思，回顾和评估自己的教学效果和教学策略。通过自我反思，教师可以发现自己的优势和不足，找到提高教学质量的方向和重点。

（3）教学案例研究

教师可以进行教学案例研究，深入分析和评估自己的教学案例。通过对案例的研究，教师可以发现案例中的问题和改进点，为教学创新提供思路和借鉴。

（4）教学反馈

教师可以主动向学生和同事征求教学反馈意见。通过听取他人的反馈和建议，教师可以了解自己在教学创新方面的优势和不足，并做出相应改进。

学校评估教师的教学水平和创新能力，可以促进教师的专业成长和教育质量的提高。同时，教师应该积极进行自我评估，通过反思和学习，不断完善自己的教学创新能力。

（四）实地考察和观察

实地考察可以深入了解教育创新的实施情况和效果。评价者可以到校园进行观察和交流，了解教学现场和学生参与情况。

1.实地考察和观察的方法

教学课堂观察。评价者可以到校园中的教学课堂进行观察，了解教师的教学内容、教学方法和教学效果。观察教学过程中，评价者可以关注学生的参与度、教师的教学技巧和互动情况等方面。

实践活动观察。在思想政治教育创新中，实践活动扮演重要角色。评价者可以参与学生的实践活动,如社会调研、模拟演练等,深入了解学生的实践能力和创新意识。

访谈与交流。评价者可以与学校教师、学生和相关负责人进行访谈和交流,了解他们对教育创新的看法和体验。通过访谈和交流,可以获取更多信息和反馈意见。

学生作品展示。学生的作品是教育创新效果的重要体现。评价者可以观看学生的作品展示,如研究报告、设计作品、实践项目等,了解学生的学习成果和创新能力。

2. 实地考察和观察的重要性

真实性和客观性。实地考察和观察能够提供真实的教学情况和学生参与情况,避免因问卷调查等方式可能产生的主观性和误差。

全面性和深入性。通过实地考察和观察,评价者可以深入了解教育创新的各个方面,包括教学内容、教学方法、学生参与情况等,获得更加全面的评价信息。

互动性和交流性。实地考察和观察可以促进评价者与教师、学生等进行面对面的交流和互动,有利于获取更加深入和细致的反馈意见。

问题发现和解决。通过实地考察和观察,评价者可以及时发现问题和不足,并提出改进和优化建议,有利于教育创新的持续发展。

实地考察和观察是思想政治教育创新评价的重要手段,它能够提供真实、客观、全面和深入的评价信息,有助于促进教育创新的有效实施和持续改进。评价者应该充分利用实地考察和观察这一方法,深入了解教育创新的实际情况,为提高教育质量和推进教育改革提供有力支持。

(五)社会反馈和专家评审

向教育界专家、学者和相关社会机构征求评价意见。专家评审可以提供权威的意见和建议,提高评估教育创新质量和效果。

1. 社会反馈的作用

多元化视角。社会反馈涵盖了各个社会层面的观点和意见,包括学生、家长、教师、校外专家等,能够从多元化的视角反映教育创新效果。

实践参与。社会反馈中的意见和建议来自教育创新的实际参与者和受益者,更贴近教育创新的实际情况,有利于改进和优化教育创新方案。

公众认可。教育创新的成功与否不仅取决于专家学者的评价,还需得到公众的认可和支持。社会反馈可以反映教育创新在社会上的认可程度。

2. 社会反馈的方法

问卷调查。可以通过设计问卷,向学生、家长、教师等教育参与者征求意见,了解他们对教育创新的看法和体验。

座谈会。可以组织座谈会,邀请教育相关的社会机构、学者、专家和教育从业者参与,进行意见交流和研讨。

社会媒体。可以通过社交媒体平台等网络渠道,收集公众的意见和反馈,了解社会对教育创新的看法。

3.专家评审的作用

权威意见。专家评审来自教育界的专家学者，具有一定的权威性和学术背景，能够提供权威的评价意见和建议。

学术支持。专家评审可以为教育创新提供学术支持和理论指导，确保教育创新的科学性和可行性。

创新启示。专家评审可以从专业角度出发，提供新的创新思路和启示，有助于教育创新的不断深化和拓展。

4.专家评审的方法

专家论证会。可以组织专家论证会，邀请教育界的专家学者对教育创新方案进行评审和讨论。

学术研讨会。可以在学术研讨会上组织专题讨论，邀请专家学者就教育创新进行学术交流和研究。

专家咨询。可以邀请专家学者进行个别咨询，征求他们对教育创新的意见和建议。

综合多元化的意见和专业的评价，可以更全面、客观地了解教育创新的质量和效果，为教育改革和持续发展提供科学依据。

（六）成果展示和评比

举办教育创新成果展示和评比活动，鼓励教师和学生分享创新经验和成果。评比活动可以促进教育创新的交流与分享，激发更多的创新活力。

1.成果展示和评比的作用

激励创新动力。通过举办成果展示和评比活动，教师和学生积极参与教育创新，分享他们的创新成果和经验。

宣传推广。成果展示和评比活动是教育创新成果的宣传推广平台，可以提高教育创新的知名度和影响力。

经验分享。教育创新者可以通过展示和评比活动分享自己的创新经验，为其他教育工作者提供借鉴和启示。

激发学习兴趣。学生可以通过展示和评比活动了解和学习其他同学的创新项目，激发他们的学习兴趣和创新意识。

2.成果展示和评比的方法

创新项目展示。鼓励教师和学生将教育创新项目进行展示，可以通过海报、展板、演示等方式展示创新内容和效果。

评委评审。邀请专家学者、教育界领导等组成评委会，对展示的创新项目进行评审和打分。

现场演示。对于涉及实践性的教育创新项目，可以安排现场演示，让评委和观众亲身体验和了解项目。

评比活动策划。设计创意丰富的评比活动，如创新项目路演、教育创意设计大赛等，吸引更多教育工作者参与。

颁奖典礼。在成果展示和评比活动结束后，举办颁奖典礼，表彰优秀教师和学生，鼓励他们继续深化教育创新。

3. 评比标准

创新性。评估教育创新项目的独特性和创造性，看是否突破传统教育模式，带来新的教学思路和方法。

实用性。评估教育创新项目的实用性和可操作性，看是否能够在实际教学中落地并取得成效。

影响力。评估教育创新项目的影响力和社会效益，看是否能够为学校和社会带来积极的影响。

可持续性。评估教育创新项目的可持续性，看是否能够长期推动教育改革和发展。

4. 奖项设置

根据评比结果，可以设置不同的奖项，如一等奖、二等奖、三等奖，或者设立特别贡献奖、创新奖等，以鼓励更多教育工作者参与教育创新。

学校举办成果展示和评比活动，可以激发教育创新的活力，宣传教育创新成果，促进经验分享和交流，为教育创新的深入发展提供支持和动力。同时，评比活动还可以根据评估结果为教育创新提供反馈和指导，不断推动和深化教育改革。

综合以上多种方法和途径，可以构建一个全面、客观的思想政治教育创新评价体系，为教育创新提供科学依据，推动教育质量的持续改进和提高。

二、可用于思想政治教育创新评价的工具和指标

思想政治教育创新的评价工具和指标应该涵盖教学质量、教育资源利用等方面。

（一）教学成绩和学业进展

1. 平均成绩

平均成绩是评估教学质量的重要指标之一。教师通过统计所有学生在思想政治教育课程中的考试成绩，计算出平均分数。这有助于评估教学的整体效果和学生对知识的掌握情况。如果平均成绩较高，则说明教学较为成功，学生较好地掌握了相关知识。如果平均成绩较低，则意味着教学存在问题，需要进一步优化教学方法和内容。

2. 课程通过率

课程通过率是指学生在思想政治教育课程中及格或达到某一标准的比例。它是衡量教学成效的重要指标之一。高通过率意味着大部分学生在课程中取得了合格的学习成果，这说明教学效果较好。低通过率则意味着教学内容较难或教学方法不当，需要改进和调整。

3. 学业进展

学业进展是指学生在思想政治教育课程中的学习进度和学习成果。评估者通过观察学生的学习笔记、作业完成情况和课堂表现来评估学业进展。学生的学业进展与他们的学习

动力和学习态度密切相关。如果学生在学业上取得进展，则表明教学激发了学生的学习兴趣和积极性。

4. 学生成绩分布

除了平均成绩和通过率，学生成绩分布也是一个重要的评估指标。评估者通过分析学生成绩的分布情况，可以了解学生在课程中的学习差异。如果学生成绩分布呈现较为均匀的状态，则说明教学方法较为适宜，学生的学习水平也较为平均。但如果学生成绩分布出现明显的倾斜，例如成绩集中在较高或较低水平，则意味着教学方法需要针对不同水平的学生进行个性化调整。

5. 课堂互动和参与度

教学创新评估还应考虑学生的课堂互动和参与度。评估者可以通过观察学生在课堂上的表现，例如，积极回答问题、提出观点、与同学讨论等来评估。高度的课堂互动和参与度通常反映了学生对教学内容的兴趣和投入程度，也表明教学方法能够激发学生的学习热情。

综合以上指标，可以全面评估思想政治教育创新的效果。不同指标相互补充，帮助评估者全面了解教学创新的质量和影响，为教学改进和优化提供有价值的参考和依据。

（二）教育资源利用

1. 资源利用效率

资源利用效率是指学校在教育创新过程中对各类资源的合理利用程度。这包括教学设施利用率、教材和教辅资料的使用情况、教学器材设备的利用率等。通过评估资源利用效率，学校可以了解是否充分利用现有资源，是否存在资源浪费或闲置的情况。例如，教室是否充分利用，是否有教学设备未得到有效利用等。在教育创新中，资源利用效率的提高可以降低教育成本，提高教学效率，为学校节约资源，创造更好的教育环境。

2. 教育投入产出比

教育投入产出比是评估学校教育资源利用效益的一个重要指标。它反映了学校在教育创新中投入的资源与产出的关系。计算教育投入产出比可以用于衡量教育资源的效益和经济性。投入包括学校投入的资金、人力、设备等资源，产出可以是学生的学习成绩、学习能力、综合素质等综合指标。高投入产出比意味着学校以较少的资源获得较好的教育效果，这说明学校的教育资源利用较为有效。而低投入产出比则意味着学校在教育创新中投入较多，但产出效果不明显，需要调整资源配置和管理方式。

综合考虑资源利用效率和教育投入产出比，有助于学校更好地规划和管理教育资源，优化教育创新策略。在评估中，除了定量指标，也可以结合定性分析，充分了解教育资源的实际使用情况，找出问题和潜在改进的空间。同时，还应该考虑社会经济背景和学校自身特点，确保评估结果客观准确，为教育创新提供科学依据。

（三）学生实践能力和创新能力

1. 实践能力评估

实践能力是学生将理论知识应用于实际问题解决的能力。在思想政治教育创新中，学生的实践能力评估至关重要，因为实践是加深学习理解、培养创新思维和解决实际问题的重要途径。学生实践能力评估可以采取多种方法，如实地考察、社会调研、社区服务等。评估者可以前往学生实践活动的现场，观察学生的实践表现和能力发展。同时，也可以通过学生实践报告、项目报告等文档来了解学生的实践成果和收获。此外，可以设立实践能力评估的标准和指标，如问题解决能力、团队合作能力、创意发想等，综合考量学生的实践表现。

2. 创新能力评估

创新能力是学生独立思考、开拓创新的能力。在思想政治教育创新中，培养学生的创新能力是非常重要的，因为创新是推动社会进步和发展的动力。为评估学生的创新能力，可以开展创新项目展示、创意设计大赛、创业实践等活动。通过这些活动，学生可以展示他们的创新成果和想法，评估者可以从中看出学生的创新水平和能力。同时，还可以结合专家评审和同行评议，从多个角度评估学生的创新能力。为了激发学生的创新潜能，评估过程应该鼓励学生展现自己的独特观点和创意，营造积极向上的评估环境。

在评估学生实践能力和创新能力时，评估者应该注重发现学生的优点和潜力，为学生提供积极的反馈和鼓励。同时，也要关注学生的不足之处，为他们提供改进和发展的机会。评估过程应该注重个体差异，充分考虑学生的背景和特点，确保评估结果客观准确，为学生的成长和发展提供有益的指导和支持。

（四）教学效果和社会影响

1. 教学效果评估

教学效果评估是衡量教学创新成果的重要指标之一。学生学业成绩的变化可以直观地反映教学创新的效果。比较教学创新前后学生的平均成绩、通过率等指标，评估者可以了解教学创新对学生学业水平的影响。此外，还可以通过学生学习兴趣和学习动力的调查来评估教学创新对学生学习态度的影响。如果学生对新的教学方式更感兴趣，学习动力更强，那么教学创新就取得了良好效果。教学效果评估还可以考虑学生的学习体验和满意度，通过学生满意度调查来了解教学创新是否能够满足学生的学习需求和期望。

2. 社会影响评估

教育创新的目的之一是为社会培养有用之才、提供有价值之服务。因此，社会影响评估是对教育创新综合价值的重要体现。社会影响评估需要考虑教育创新对学校、学生和社会的影响。对学校而言，教育创新是否给学校带来了声誉提升、知名度扩大等影响。对学生而言，教育创新是否给个人带来了素质的提高、能力的培养等影响。对社会而言，教育创新是否有助于解决社会问题、推动社会发展等影响。可以通过学生就业率、学校声誉排名、教育项目成果推广等方式来评估教育创新的社会影响。此外，还可以向相关社会机构征求意见，了解他们对教育创新的评价和期望，以进一步评估教育创新的社会价值。

教育创新的评价过程应该是持续的、动态的，随着教学的推进和发展，不断收集、分析和反馈评价结果，为改进和优化教育创新提供科学依据和决策支持。同时，评价过程应该充分考虑各利益方的意见和反馈，保持透明度和公正性，确保评价结果客观准确。

综合以上指标和工具，可以构建一个全面、科学的思想政治教育创新评价体系，用于指导教育创新的实施和改进，并促进教育创新的发展和成果的推广。

第三节　思想政治教育创新的反思与改进

一、思想政治教育创新实施的反思与问题总结

（一）思想政治教育创新实施的反思

1. 创新目标明确性不足

在思想政治教育创新过程中，可能出现创新目标不够明确的情况。教育创新需要明确具体的目标和预期效果，否则会导致创新方向模糊、实施方案缺乏针对性，影响创新效果的实现。

2. 缺乏综合考量

有时候，学校在进行思想政治教育创新时忽略了综合因素的考虑。教育创新需要综合考虑学生的需求、学校的资源、社会的发展需求等多方面因素，否则会导致创新方案不够全面，无法有效解决实际问题。

3. 教师参与意愿不足

教师是教育创新的重要推动者，但有时候他们对创新持怀疑态度或参与意愿不足。这与教师的工作压力、培训机会不足等因素有关。教育创新需要引导和鼓励教师积极参与，共同推动创新实践。

4. 评价机制不完善

教育创新需要建立科学有效的评价机制，但有时候学校在评价方法和指标的选择上存在问题。评价指标应该全面反映创新效果，同时评价过程中应充分考虑多方参与，确保评价结果的客观性和准确性。

5. 创新资源短缺

教育创新需要投入相应的人力、物力和财力，但有时候学校面临资源不足的问题。这会影响创新的深入开展和成果的实现。因此，学校需要优化资源配置，增加对教育创新的支持和投入。

（二）思想政治教育创新的问题总结

1. 创新定位不明确

思想政治教育创新需要明确定位和目标，确保创新方向与学校发展战略和教育目标相一致。缺乏明确的创新定位会导致教育创新活动过于零散，缺乏整体规划和难以有效推进。

2. 师资队伍专业能力不足

教师是教育创新的主体，但有时候教师的专业能力不足以支撑创新实践。需要加强师资队伍的培训和提升，增强教师的创新意识和实践能力。

3. 缺乏有效的创新支持和保障机制

思想政治教育创新需要学校和相关部门提供有效的支持和保障机制，这包括经费、政策、管理等方面的支持。缺乏有效的支持机制会阻碍创新实践的推进。

4. 教育创新成果转化不足

教育创新不仅要在实践中进行，还需要将成果转化为有效的教育资源和实践经验，为教育改革提供借鉴和参考。但有时候教育创新成果转化不足，导致创新成果未能得到充分发展和推广应用。

总体而言，思想政治教育创新是教育体系改革的重要组成部分。在实施创新过程中，学校需要充分反思和总结，解决问题并持续改进。同时，政府、学校、教师、学生等各方应共同合作，为教育创新提供支持和保障，共同推动教育事业的发展和进步。

二、思想政治教育创新的改进策略和建议

（一）提供资源支持

为教育创新提供必要的资源支持，这包括教学设施、教材、技术设备等。学校可以与社会机构、行业企业等建立合作关系，共享资源，提高教育创新的实施效果。

建立资源共享平台。学校可以建立资源共享平台，将各类教育资源整合在一起，并向教师和学生提供开放式的获取途径，包括教学资料、教学案例、教学视频等。资源共享平台建设可以促进教育资源的高效利用和共享，提高教学质量。

与社会机构合作。学校可以积极与社会机构、行业企业等建立合作关系。通过与社会机构合作，学校可以获取更多的教育资源和支持，如实践场所、实践项目、专业知识等。合作关系可以促进教育创新的实施和学生的实践能力培养。

资源捐赠和赞助。学校可以积极争取社会捐赠和赞助，用于教育创新项目的实施和资源的更新。社会捐赠和赞助可以为学校提供经费支持，购买先进的教学设备，改善教学环境，提高教学效果。

利用科技手段。借助现代科技手段，学校可以提高资源的利用效率。例如，通过网络教学平台，学生可以在线获取教学资料和课程内容；利用虚拟实验室和模拟平台，学生可以获得更加丰富的实践体验。

资源整合与优化。学校可以对现有的教育资源进行整合和优化，确保资源的合理分配

和高效利用。资源整合可以减少资源浪费和重复，将有限的资源用在最需要的地方，提高资源利用效率。

激励创新教师。对于积极参与教育创新的教师，学校可以给予一定的激励和奖励，如研究经费、荣誉称号等。激励措施可以激发教师的创新热情，推动教育创新的不断发展。

建设实践基地。学校可以建设实践基地，为学生提供实践学习的场所和机会。实践基地可以与社会机构合作，为学生提供实践项目和实习机会，培养学生的实践能力和创新精神。

开展资源共建共享项目。学校可以与其他学校或教育机构合作，开展资源共建共享项目。通过资源的共建共享，学校可以充分利用各自的优势和特色，实现资源的互补和优化配置。

提供资源支持是教育创新成功的重要保障。学校可以采取多种策略和途径，与社会机构合作，利用科技手段，整合资源，为教育创新提供充足的条件和保障。同时，培养教师的积极参与和激励创新精神，可以推动教育创新的不断深入发展。

（二）引入跨学科合作

思想政治教育涉及多个学科领域，可以鼓励跨学科合作，引入多学科知识和方法，拓宽教学视野。学校可以组织跨学科的研讨会、工作坊等活动，促进学科之间的交流与合作。

跨学科研讨会和工作坊。学校可以定期组织跨学科研讨会和工作坊，邀请来自不同学科领域的教师和学者共同探讨思想政治教育的相关问题。跨学科的交流和合作，可以激发新的教学思路和创新点。

跨学科教学团队。学校可以组建跨学科的教学团队，将不同学科领域的教师组织在一起，共同参与教学创新项目。跨学科教学团队可以通过互相协作和交流，将各自学科的优势与特色相结合，提供更全面的教学服务。

跨学科课程设计。学校可以推动跨学科课程的设计和开发，将不同学科的知识和内容融入思想政治教育。跨学科课程设计可以拓宽学生的学习视野，培养学生的综合素养和批判思维能力。

跨学科项目合作。学校可以鼓励学生参与跨学科的项目合作，如跨学科的研究项目、社会调研等。跨学科项目合作可以使学生从不同学科角度分析问题，培养学生综合运用知识的能力。

跨学科资源整合。学校可以整合跨学科的教学资源，建立跨学科资源库，方便教师和学生获取多学科知识和资料。跨学科资源整合可以提供更全面的学习支持，满足学生个性化学习需求。

跨学科实践活动。学校可以组织跨学科的实践活动，使学生在实际问题中运用不同学科知识解决问题。跨学科实践活动可以培养学生的创新意识和解决问题的能力。

跨学科评价体系。针对跨学科教学和实践活动，学校可以建立相应的跨学科评价体系，确保评价指标能够全面反映跨学科教学的成效。

引入跨学科合作是推动思想政治教育创新的重要策略。跨学科合作可以为教学提供新的思路和方法，拓宽教学视野，提高教学质量，培养学生的综合能力。同时，跨学科合作可以促进学校与社会的合作和交流，推动思想政治教育创新的不断深入发展。

（三）加强评估与反馈

建立科学有效的评估机制，定期对教育创新进行评估和反馈，了解创新实践的效果和问题，及时调整和改进。评估结果可以为教师提供指导和支持，为学校的决策提供科学依据。

建立完善的评估机制。学校应建立科学有效的评估机制，明确评估的目标、内容和指标。评估机制应该涵盖教学质量、学生学业成绩、实践能力、创新能力等多个方面，确保全面了解教育创新的效果。

定期开展评估活动。学校应定期开展教育创新的评估活动，例如每学期或每学年进行一次全面的评估。评估活动可以通过问卷调查、面谈访谈、实地考察等方式进行，确保评估的全面性和准确性。

引入第三方评估。学校可以引入第三方专业机构进行教育创新的评估，以保证评估的客观性和公正性。第三方评估可以带来新的视角和专业意见，为教育创新提供独立的评估结果。

关注学生和教师反馈。学校应重视学生和教师的反馈意见，他们是教育创新的直接参与者和受益者。通过听取学生和教师的意见与建议，学校可以及时了解问题和改进的需求。

制定改进措施。根据评估结果和反馈意见，学校应及时制定改进措施，并在实践中不断优化教育创新。改进措施应该针对评估发现的问题和不足，有针对性地进行调整和改进。

提供专业支持和培训。为了加强评估与反馈的能力，学校可以为教师提供相关的培训和专业支持。教师可以学习评估方法和技巧，提高评估质量和效率。

推动教育研究与实践创新。学校应积极推动教育研究与实践创新的融合，通过科学研究来支持教育创新的实践，同时将实践中的问题和经验反哺到研究中，形成良性的互动循环。

（四）建立合作与交流平台

建立教育创新的合作与交流平台，包括学术研讨会、教师分享会、学生论坛等，促进教师和学生之间的交流与合作。学校可以与其他学校、社会机构、专家学者等建立合作关系，共同推动教育创新的发展。

学术研讨会。学校定期组织学术研讨会，邀请校内外专家学者和教师参与。学术研讨会可以为教师提供交流学术研究成果的平台，推动教育研究与实践的融合。学术研讨会也可以为学生提供学术交流的机会，激发学术兴趣和创新潜能。

教师分享会。学校定期组织教师分享会，鼓励教师分享教学经验和教育创新的实践。教师分享会可以促进教师之间的交流与合作，借鉴他人的经验和方法，丰富教学内容和教学手段。

学生论坛。学校设立学生论坛，为学生提供展示创新成果和交流经验的平台。学生论坛可以鼓励学生在学术、文化、社会实践等方面开展创新项目，增强学生的实践能力和创新意识。

校际合作。与其他学校建立合作关系，开展校际交流与合作。学校可以开展教师交流、学生交流、教学资源共享等活动，共同推动教育创新的发展。

社会机构合作。学校与社会机构建立合作伙伴关系，共同推动思想政治教育创新。社会机构通常具有丰富的资源和专业知识，可以为学校提供支持和帮助。

专家指导与支持。学校可以邀请专家学者担任学校教育创新项目的顾问和指导老师，为教育创新提供专业支持和建议。

（五）注重学生参与和反馈

重视学生的参与和反馈，鼓励他们积极参与教育创新活动，并及时收集他们的意见和建议。学生的参与可以提高自身主动性和创造性，同时为教师提供宝贵的反馈和改进意见。

学生参与项目设计。在教育创新项目的设计阶段，教师可以邀请学生参与，征求他们的意见和建议。学生可以提出自己的观点、需求和期望，从而确保教育创新项目更符合学生的实际需求。

学生参与项目实施。教师将学生纳入教育创新项目的实施过程，让他们积极参与实践活动、团队合作等，亲身体验和感受创新实践的过程和成果。

学生反馈机制。学校建立学生反馈机制，通过问卷调查、个别面谈、小组讨论等方式，征求学生对教育创新的反馈意见。学生的反馈可以帮助评估教育创新的效果和问题，并为改进提供指导和参考。

学生评估教师和课程。学校鼓励学生参与教师和课程的评估，了解他们对教学内容、教学方法和教师表现的看法。学生的评估可以为教师提供改进和提升的方向，提高教学质量和效果。

学生分享经验和成果。学校鼓励学生分享教育创新的经验和成果，如举办学生展示会、学术论文发表会等。这样可以激发学生的创造力和分享精神，同时为其他学生提供学习和借鉴的机会。

学生参与决策过程。学校将学生纳入教育创新的决策过程，如设立学生代表团、学生议事会等机制，让学生就重要决策提出自己的意见和建议。这样可以提高学生的参与感和责任感，促进教育创新的民主化和个性化。

通过重视学生的参与和反馈，学校可以更好地了解学生的需求和期望，提高教育创新的针对性和有效性。同时，学生的参与和反馈也能激发他们的学习动力和创新潜能，为教育创新注入新的活力和创造力。

（六）强化社会关系与合作

加强学校与社会的联系与合作，将社会资源和需求融入教育创新。与社会机构、行业企业、政府部门等合作，可以为学生提供实践机会、研究课题等，增强教育创新的实践性和实用性。

与社会机构合作。学校可以与研究机构、智库、公益组织等社会机构建立合作关系。通过与社会机构合作开展调研项目、政策研究、社会实践等活动，学生可以参与实际问题的解决，拓宽学习视野，提高实践能力。

与行业企业合作。学校与行业企业合作可以为学生提供实践机会和职业导向，帮助他们了解行业的最新动态和发展趋势。学校可以与企业合作开展实习项目、校企合作项目等，使学生在实际工作中应用所学知识，增强实践能力。

与政府部门合作。学校可以与政府部门合作开展社会调研、政策解读等活动，使学生了解政策和法规的背景和实际应用。政府部门可以为学校提供政策支持和资源保障，推动教育创新与社会发展的紧密结合。

共建实践基地。学校可以与社会机构、企业等共建实践基地，提供学生实习和实践的场所。实践基地可以模拟真实工作环境，使学生在实践中学习和成长。

举办社会活动和讲座。学校可以邀请社会机构、企业、专家学者等举办社会活动和讲座，为学生提供学习交流的平台。这些活动可以涵盖社会热点问题、行业发展趋势、政策解析等内容，拓宽学生的学习视野，增长见识。

建立校友网络。学校可以建立校友网络，与校友保持联系与合作。校友资源可以为学校提供行业导向和就业指导，帮助学生更好地规划职业发展。

通过与社会各方的合作，学校可以丰富教育创新的资源和实践机会，提高教育创新的实践性和实用性。同时，合作也可以促进学校与社会的紧密联系，推动思想政治教育的全面发展。

（七）注重文化传承与创新

思想政治教育需要注重传承和创新的平衡。既要传承传统的思想文化，又要引入新的理念和实践。学校可以通过创新的教学设计和活动形式，将传统与现代相结合，激发学生的学习兴趣和创造力。

传承优秀传统文化。思想政治教育应该传承中华优秀传统文化，包括儒家思想、道家思想、墨家思想等。学校可以组织经典阅读、传统文化讲座等活动，使学生了解中国传统文化的价值和意义。

引入新的教学理念。除了传统文化外，学校还应该引入新的教学理念和实践。比如引入现代教育技术，设计互动教学课程，以满足学生对多样化学习方式的需求，提高教学效果。

创新教学内容与形式。通过创新教学内容和形式，学校可以激发学生的学习兴趣。比如组织实地考察、社会调研、模拟演练等活动，让学生在实际问题中应用知识，提高实践能力。

培养学生创新精神。思想政治教育应该培养学生的创新精神和能力。学校可以组织创新创意大赛，鼓励学生参与科技创新、社会实践等活动，提高学生的创造力和实践能力。

引进国际化元素。为了让学生了解世界范围内的政治、经济、文化等问题，学校可以引进国际化元素、开设国际政治与经济课程、组织国际交流活动等，拓宽学生的国际视野。

建立文化传承与创新平台。学校可以建立文化传承与创新平台，组织相关的学术研讨会、文化讲座等活动，为教师和学生提供交流与合作的机会，推动思想政治教育的发展。

通过注重文化传承与创新，思想政治教育可以在传承传统的同时，保持与时俱进，为学生提供丰富多样的学习体验，增强其综合素质和创新能力。

第七章　思想政治教育创新的发展策略

第一节　创新思想政治教育的组织机制与管理体制

一、创新思想政治教育的组织机制设计

一个有效的组织机制可以协调各方资源，促进创新理念的传播和实践，提高教育创新效果。

（一）设立教育创新委员会或领导小组

学校可以设立专门的教育创新委员会或领导小组，由学校领导、教师代表、学生代表、专家学者等组成。该委员会或小组负责制定教育创新的发展规划、目标和策略，并监督创新实施的进展。

1. 学校领导

学校领导在教育创新中担任关键角色。他们是教育创新的决策者和支持者，负责制定学校的发展战略和教育改革目标，并将思想政治教育创新纳入学校的发展规划。学校领导还要为创新项目提供必要的资源支持，包括资金、教学设施、教材和技术设备等，以确保创新实施的顺利进行。学校领导还要与相关部门和社会机构建立合作关系，寻求外部支持和合作机会，推动教育创新的全面发展。

2. 教师代表

教师作为教育创新的主要实施者，其参与对于创新的成功至关重要。教师代表在教育创新委员会或领导小组中发挥着代表教师群体的作用。他们了解教师的需求和意见，可以提出具体的教育创新建议和改进建议。教师代表要分享教学经验和实践成果，为其他教师提供借鉴和参考。同时，他们还要积极参与创新项目的实施，将创新理念和方法应用于教学中，不断提高教学质量和效果。

3. 学生代表

学生是教育创新的主要受益者，因此学生代表的参与至关重要。学生代表在教育创新委员会或领导小组中代表学生的声音和需求。他们可以反映学生对思想政治教育创新的期望和反馈，提出学生关心的问题和建议。学生代表还可以积极推动学生参与创新实践，鼓励同学们参与创新项目、创新竞赛等活动，增强学生的实践能力和创新意识。

4.专家学者

专家学者作为教育领域的权威人士，其参与对于教育创新的指导和支持。他们可以为教育创新提供专业的知识和经验，帮助制订创新项目的实施方案和评估标准。专家学者还可以对教育创新进行评估，了解创新效果和问题，提出改进建议。他们的参与还可以激发教育创新的思路和方法，推动思想政治教育的不断创新和发展。

在教育创新委员会或领导小组的组织机制设计中，成员之间应该形成紧密的合作与交流机制。定期召开会议，分享经验和成果，解决问题和困难。各成员要保持开放的态度，尊重不同意见，共同制订创新方案，确保教育创新的顺利推进。同时，成员之间要保持密切联系，及时沟通信息，汇报工作进展和成果，以便调整和改进创新策略。通过有效的组织机制设计，学校的思想政治教育创新将得到更好的实施和发展。

（二）制订创新实施方案

教育创新委员会或领导小组应制订创新实施方案，明确教育创新的目标、内容、时间表等，确保创新工作有序进行。

1.确定创新目标

首先，教育创新委员会或领导小组需要明确创新的目标和愿景。这些目标应该与学校的发展规划和教育改革目标相一致，并且能够体现思想政治教育的特色和需求。设定明确的目标有助于指导后续的创新工作和评估效果。

2.分析需求与问题

在制订创新实施方案之前，教育创新委员会或领导小组需要对学校的现状和存在的问题进行全面分析。了解学生的需求、教师的期望、教育资源的状况等，有助于确定创新内容和重点。同时，识别现有的问题和挑战，为创新指明改进的方向。

3.确定创新内容和策略

根据需求与问题的分析，教育创新委员会或领导小组可以确定创新的内容和策略。这包括教学内容的创新、教学方法的创新、实践活动的创新等。要确保创新内容能够有效解决问题，提高教育质量。

4.制订时间表和计划

制订创新的时间表和计划是保障创新工作有序进行的重要步骤。将创新分阶段进行，明确各个阶段的目标和任务，确保创新进程按计划推进。同时，每阶段要确保有充足的时间用于实施、评估和改进。

通过制订创新实施方案，学校可以确保教育创新的目标清晰、工作有序，为思想政治教育的创新提供有效的指导和支持。同时，创新实施方案的不断改进也可以使教育创新工作持续推进和取得更好的成效。

（三）落实责任分工

在教育创新过程中，需要明确各相关部门和个人的责任分工。例如，教师负责教学创新的设计和实施，学生参与创新实践，行政部门提供资源支持和协调等。

1. 教师的责任分工

教学创新设计。教师作为教育创新的主要实施者，负责教学创新项目的设计和规划。他们可以根据学科特点和学生需求，创新教学内容、教学方法和评估方式。

实施创新教学。教师负责将创新教学方案落实到实际教学中，组织和开展创新教学活动，关注学生学习进展并及时调整教学策略。

反馈和改进。教师应该积极参与创新的评估和反馈过程，了解教学创新的效果和问题，并根据反馈结果不断改进教学实践。

2. 学生的责任分工

积极参与创新实践。学生是教育创新的受益者和参与者，应积极参与创新实践活动，拓展视野和实践能力。

提供反馈和建议。学生应该主动反馈自己对教育创新的意见和建议，包括对创新项目的认可与改进建议，帮助教师和学校了解创新的效果和问题。

3. 行政部门的责任分工

提供资源支持。行政部门负责提供必要的资源支持，包括资金、设施、教材、技术等，保障教育创新项目的顺利实施。

协调与沟通。行政部门要负责协调各个相关部门的合作与沟通，推动教育创新工作的协调进行。

4. 教育创新委员会或领导小组的责任分工

制定规划和策略。教育创新委员会或领导小组负责制定教育创新的发展规划和策略，明确创新的目标和重点。

监督与评估。教育创新委员会或领导小组负责对教育创新的实施进行监督和评估，确保创新工作按计划推进，并对成果进行评估。

5. 专家学者的责任分工

提供专业支持。专家学者应提供专业的指导和支持，为教育创新提供学术建议和评估意见。

参与评估与改进。专家学者可以参与教育创新的评估工作，对创新项目的效果进行评估，并提供改进建议。

通过明确责任分工，各个相关部门和个人都能在教育创新中发挥应有的作用，共同推动创新的实施和取得良好的成果。同时，定期评估和调整责任分工也有助于促进创新工作的有效性和可持续发展。

（四）提供资金和资源支持

学校领导层应当充分重视教育创新，提供充足的资金和资源支持，确保创新项目的顺利进行。这包括为教师和学生提供培训经费、购置教育创新所需的设备和教材等。

1. 制订专项资金计划

学校可以设立专项资金用于支持教育创新项目。这些资金可以用于购置教育创新所需的设备、教材、技术等，以及支持教师和学生参与创新实践的经费。

2. 建立创新项目申请制度

学校可以设立教育创新项目申请制度，鼓励教师和学生积极申请创新项目的资金支持。申请项目应当符合学校的教育发展规划和创新方向，经过评审后，优秀的创新项目可以获得资金支持。

3. 拓展合作渠道

学校领导可以与企业、社会机构等建立合作关系，争取外部资源的支持。这些合作伙伴可以提供资金赞助、技术支持、实践场所等，为教育创新提供更多的资源和机会。

4. 提供培训支持

为了提高教师和学生的创新能力，学校可以组织相关培训和研讨活动。这包括教育创新的理论知识、教学方法、实践技巧等，帮助教师和学生更好地参与创新实践。

5. 资源共享和整合

学校可以通过资源共建共享方式，对教育创新所需的资源进行整合和优化利用。例如，将教育创新中的优秀案例和教学资源共享给其他教师，促进创新经验的传承和分享。

通过以上组织机制的设计，学校可以促进思想政治教育的创新发展，推动学生全面发展和社会责任感的培养。创新教育机制的建立是教育创新成功的保障，也是学校不断进步和发展的动力。

二、管理体制对思想政治教育创新的支持和调整

（一）管理体制对思想政治教育创新的支持

1. 创新导向的管理理念

学校管理体制应当树立创新导向的管理理念，将教育创新放在重要位置，把创新作为推动学校发展的核心动力。学校领导要鼓励教师和学生开展教育创新实践，提供充足的资源和支持，营造积极创新的氛围。

2. 弹性和适应性的管理机制

教育创新的实施过程中常常需要灵活调整和适应变化，因此管理体制应当具备弹性和适应性。学校可以建立快速决策机制，使得管理决策能够及时响应创新需求，为教育创新提供支持。

3. 建设创新团队

学校可以建设专门的教育创新团队，由具有创新能力和实践经验的教师和专家组成。这个团队负责推动教育创新的实施，开展教学研究和实践，分享创新经验，为学校的教育创新提供专业指导和支持。

4. 奖励和激励机制

学校应当建立激励机制，对取得优秀教育创新成果的个人和团队予以表彰和奖励。奖励可以是荣誉称号、奖金、研究经费等，激励教师和学生更加积极地参与创新实践。

5. 改进评价体系

管理体制应当建立科学有效的评价体系，对教育创新进行全面评估。评价指标应该包括教学质量、学生发展、社会影响等方面，以多维度的评估结果为学校提供改进和优化的参考。

（二）管理体制对思想政治教育创新的调整

1. 教育理念的更新

传统的思想政治教育往往以灌输为主，忽视学生的主体性和创造性。因此，管理体制需要调整教育理念，强调学生的积极参与和主动学习。教师应当成为学生学习的引导者和合作伙伴，激发学生的学习兴趣和创新能力。

2. 教学模式的创新

管理体制应当支持教学模式的创新，鼓励教师尝试多样化的教学方法和手段。例如，引入现代技术和互动式教学工具，开展小组讨论和案例教学，提倡跨学科融合等。这样的创新能够提高教学效果，增强学生的学习体验。

3. 课程内容的优化

传统的思想政治教育课程往往内容单一，缺乏吸引力。管理体制需要调整课程内容，融入更多的实践案例和社会热点问题，使得教育内容更贴近学生的生活和需求。同时，管理体制应当重视培养学生的批判思维和问题解决能力，使得他们能够更好地适应现代社会的复杂性和多变性。

4. 教师专业发展的支持

教师是教育创新的关键推动者，管理体制应当提供教师专业发展的支持和培训。教师可以参与研讨会、培训班等，提高教育教学的水平和创新能力。同时，管理体制应当重视教师的创新成果，给予认可和奖励。

5. 学生参与的鼓励

管理体制应当鼓励学生积极参与思想政治教育创新。学校可以设立创新奖学金、创新实践基地等，为学生提供实践机会和奖励，激发他们参与教育创新的热情。此外，学校可以设立学生创新项目基金，资助学生开展创新研究和实践项目，培养学生的创新能力和实践能力。

第二节 创新思想政治教育的师资队伍建设

一、师资队伍建设的重要性与挑战

(一)创新思想政治教育的师资队伍建设的重要性

1. 教师是教育创新的关键

教师是教育创新的核心推动者和实施者。拥有高素质、专业化的师资队伍对于创新思想政治教育至关重要。优秀的教师可以激发学生的学习兴趣,运用创新的教学方法和手段,提高教育创新的实效性和成效。

2. 推动教育质量的提高

师资队伍建设是提高教育质量的根本保障。只有拥有高水平、专业化的师资队伍,才能保证教育创新的顺利实现。教师具备深厚的学科知识和教学能力,可以更好地培养学生的思想品德,提高学生的综合素质和能力水平。

3. 适应时代需求和教育改革

随着社会的发展和教育改革的推进,思想政治教育需要不断创新和发展。师资队伍建设要紧跟时代发展,适应教育改革的要求,培养适应社会发展需要的优秀人才。

4. 培养学生的创新能力

优秀的师资队伍可以为学生树立榜样,激励学生积极参与教育创新活动。教师的创新精神和实践经验可以培养学生的创新能力和创业意识,为学生的未来发展打下坚实基础。

5. 提高学校的社会影响力

拥有高水平的师资队伍是学校提高社会影响力和竞争力的重要标志。优秀的教师和教育创新成果可以吸引更多优秀学生和教师加入学校,增强学校的吸引力和影响力。

(二)创新思想政治教育的师资队伍建设所面临的挑战

1. 师资结构不合理

一些学校在教师队伍的结构上存在问题,师资结构不合理,导致教师队伍的整体水平不高。为了解决这一问题,学校需要制定合理的师资队伍建设规划,优化师资结构,引进高水平的专业人才。

学科结构不均衡。在一些学校中,某些学科的教师数量过多,而其他学科的教师相对不足。这会导致一些学科的教学资源得到充分利用,而其他学科则面临教学资源匮乏的问题。学科结构不均衡会影响学生的学习兴趣和学科发展的平衡。

教师专业背景不匹配。有些学校存在教师专业背景不匹配的情况,即教师所授课程与其专业背景不相符。这会导致教师在教学中缺乏深入的专业知识和理解，影响教学质量。

年龄结构失衡。学校教师队伍中的年龄结构失衡，会导致经验丰富的老教师数量较少，新进教师数量较多。这影响教师队伍的稳定性和教学质量，同时影响传统经验的传承和新理念的引入。

学历结构不合理。学校的教师队伍中学历结构不合理，即高学历和低学历教师比例失衡。学历结构不合理会导致教师队伍整体专业能力不够全面。

缺乏高水平专业人才。一些学校由于各种原因难以吸引高水平的专业人才加入教师队伍。这会导致学校在教育创新方面缺乏领军人才，影响教育创新的实施效果。

2. 教师培训和发展不足

部分学校对于教师的培训和发展投入不够，导致教师专业知识和教学能力的提升受到限制。为解决这一问题，学校可以加大对教师培训的投入，组织各类培训和学习活动，提高教师的教学水平和创新能力。

缺乏培训机会。一些学校缺乏有效的培训机会，教师难以参加专业化的培训课程和学习活动。缺乏培训机会会导致教师的专业知识无法及时更新和提升，限制了教学质量的提高。

培训内容不匹配。有时学校组织的培训内容与教师的实际需求不匹配。一些培训内容过于泛化，缺乏针对性，无法满足教师在教学和创新方面的具体需求。

缺乏持续性。教师培训和发展应该是一个持续性的过程，但在一些学校中，培训只是零散性的临时活动。缺乏持续性的培训无法形成系统性的教师发展机制，限制了教师的成长和进步。

培训资源匮乏。一些学校由于资金和资源的限制，无法提供丰富多样的培训资源。缺乏培训资源会导致教师的培训选择受限，影响了培训的有效性和广度。

3. 创新意识和实践经验不足

一些教师在教育创新方面缺乏经验和实践，对于新的教学理念和方法不够了解和熟悉。为了解决这一问题，学校可以开展教育创新经验交流和分享活动，鼓励教师参与创新实践，增强教师的创新意识和实践经验。

传统教学观念固化。一些教师习惯于传统的教学模式，对于新兴的教育理念和方法不够了解和认同。他们可能担心创新教学会增加工作量或影响教学效果，导致创新意识不足。

缺乏创新学习机会。部分学校没有提供丰富多样的创新学习机会，教师难以接触先进的教育理念和实践案例。缺乏创新学习机会限制了教师对于创新的认识和体验。

实践经验匮乏。一些教师缺乏教育创新实践经验，导致对于创新的抵触和不自信。

4. 教育资源分配不均衡

一些学校在师资队伍建设中存在资源分配不均衡的问题，导致部分学校或学科的师资水平相对较低。为了解决这一问题，学校需要进行公平合理的资源分配，支持薄弱学科和地区的师资队伍建设。

地区经济发展差异。发达地区通常能够提供更多的教育资源和待遇，吸引高水平的师资到该地区工作，而经济欠发达地区的教育资源相对匮乏，很难留住或吸引高水平的师资。

学科优势差异。一些学科因其独特性或特殊需求而需要更多的专业化教师，偏偏这些教师相对较少，导致学科师资队伍建设不足。

学校自身条件限制。一些学校由于自身条件限制，无法提供吸引高水平教师的待遇和发展机会，导致教师流失和师资队伍水平不高。

5.保障机制不完善

师资队伍建设需要有完善的保障机制，包括薪酬待遇、职业发展等方面。如果学校在这些方面存在问题，教师的积极性和投入度就会受到影响。

薪酬待遇不公平。教师的薪酬待遇是吸引和留住优秀师资的重要因素之一。如果学校的薪酬体系不公平，教师的贡献没有得到合理的回报，其积极性就会下降。

职业发展空间有限。教师在教育创新方面发展需要有一定的职业晋升和发展空间。如果学校的职业发展机制不健全，缺乏提供更高级别职位和更多晋升机会，教师就会对教育创新失去动力。

培训和发展支持不足。教师在教育创新中需要不断学习和提升自己的教学技能和创新能力。如果学校对教师的培训和发展支持不足，缺乏提供专业培训和学习机会，教师的专业成长就会受到影响。

工作环境不良。学校的工作环境也是影响教师投入和积极性的重要因素。如果学校的教学设施、教学资源等方面存在问题，教师的教学效果和创新实践就受到影响。

6.学科交叉和跨学科合作的挑战

思想政治教育涉及多个学科领域，而师资队伍往往集中在特定学科，学科交叉和跨学科合作面临困难。学校需要鼓励教师跨学科交流与合作，促进学科之间的融合和互补。

学科壁垒和传统观念。学科交叉和跨学科合作需要打破学科壁垒，但在传统的教育体系中，学科之间往往存在固定的边界和分工，教师习惯于在自己熟悉的学科领域开展教学和研究，跨学科合作会被传统观念所限制。

学科交流与合作平台的不足。学科交叉和跨学科合作需要一个良好的交流与合作平台，但目前一些学校缺乏这样的平台，无法有效促进不同学科之间的交流与合作。学校需要建立相关的学科交流机制，鼓励教师参与跨学科交流与合作。

跨学科合作的学术认可。由于学科交叉和跨学科合作相对较新，有时会受到学术界的质疑和不认可。教师面对学术界对跨学科研究和教学成果的评价，不免会产生对于跨学科合作的担心。

教师专业素养与跨学科知识不足。跨学科合作需要教师具备跨学科的知识和专业素养，但由于学科教育的特点，部分教师缺乏相关的跨学科知识和能力，导致跨学科合作的实施受到限制。

跨学科合作的沟通与协作困难。不同学科之间存在术语和概念的差异，沟通和协作面临困难。同时，由于学科间合作需要教师共同参与和协同工作，而教师之间的时间和资源有限，跨学科合作的协调和组织也是挑战之一。

二、创新思想政治教育师资队伍建设的策略与方法

（一）提供专业培训

学校可以组织专业培训，涵盖教育创新理念、教学方法、创新教材、教育技术等内容。

制订培训计划。学校应制订全面的培训计划，明确培训内容、培训目标、培训对象和培训时间。培训计划应综合考虑学校的教育创新需求和教师的个体差异，以确保培训的针对性和实效性。

教育创新理念培训。教育创新理念是指引教师创新实践的思想指导。在培训中，可以介绍现代教育理念、教育改革发展趋势、国家教育政策等，帮助教师认识到教育创新的重要性和意义。

教学方法培训。教学方法是教师实施教育创新的关键。培训可以涵盖多样化的教学方法，如项目制学习、合作学习、翻转课堂等。教师可以通过模拟教学、案例分析、讨论交流等方式，学习和掌握创新教学方法的应用技巧。

创新教材培训。教材是教学的重要依托，而创新教材可以为教育创新提供更多可能性。培训可以介绍如何开发和使用创新教材，以及如何将创新教材与教学活动结合，提高教学的吸引力和实效性。

教育技术培训。教育技术在教育创新中起着重要的支持作用。培训包括教育技术工具的使用方法、在线教学平台的操作、多媒体教学设计等内容，帮助教师更好地运用技术手段促进教学创新。

通过提供全面、多样化的专业培训，学校可以提高教师的教育创新意识、教学水平和实践能力，为教育创新的推进提供有力支持。同时，学校应持续关注培训效果，及时调整培训内容和方法，以不断提高教育创新的质量和效果。

（二）鼓励教师参与研究项目

学校可以鼓励教师参与教育创新研究项目，提供项目经费和支持。研究项目可以帮助教师深入了解创新理念和方法，并将其应用于实际教学中。

1. 内部研讨会和工作坊

学校可以定期组织内部研讨会和工作坊，由具有丰富教育创新经验的老师或专家担任讲师。这些研讨会和工作坊可以提供一个平台，让教师们分享自己的教学经验和创新实践，相互学习和借鉴，从而激发更多创新的想法。

2. 外部专家讲座和研讨

学校可以邀请教育领域的专家学者来校，举办专题讲座和研讨。这些专家可以分享最新的教育创新理念、研究成果和实践经验，帮助教师了解前沿动态，拓宽视野。

3. 在线学习平台

学校可以搭建在线学习平台，为教师提供丰富的培训资源。在这个平台上，学校可以开设各类课程，涵盖教育创新的各个方面。教师可以根据自己的时间和兴趣进行学习，灵活自主地提升自己的教育创新能力。

（三）创建创新教学团队

学校可以组建创新教学团队，将具有教育创新经验和能力的教师组织在一起，共同探讨创新教学的方法和策略。

1. 确定团队目标

学校应明确创新教学团队的目标和任务，确保团队成员共同认同和理解。团队目标包括推动教育创新实践、开展教学研究、分享教学经验等。

2. 选拔优秀成员

学校可以从教师中选拔具有教育创新经验和能力的优秀成员，组成创新教学团队。成员的选拔应综合考虑教学水平、教学成果、教育创新意识等因素。

3. 提供支持和资源

学校应为创新教学团队提供必要的支持和资源，包括教学设备、教材、培训经费等。这些支持和资源可以帮助团队成员更好地开展创新实践和教学研究。

4. 定期交流与研讨

创新教学团队应定期组织交流和研讨活动，让团队成员分享教学经验、讨论教学问题、探讨创新方法。这种交流与研讨可以激发教师的创新思维和创新意识。

通过创建创新教学团队，学校可以充分发挥教师的主体作用，推动教育创新的广泛开展。创新教学团队可以为学校的教学改革和发展注入新的活力，不断提高教学质量和教育教学水平。

（四）建立师资交流平台

学校可以建立师资交流平台，促进教师之间的交流与合作。教师可以分享自己的创新教学经验和成果，从其他教师的创新实践中汲取灵感。

1. 创办教师交流活动

学校可以定期组织教师交流活动，如教学研讨会、教学展示和观摩课程等。这些活动可以为教师提供分享教学经验和创新成果的机会，激发教师的教学热情和创造力。

2. 建立在线交流平台

学校可以建立在线教师交流平台，供教师进行远程交流和分享。教师可以在平台上发布教学心得、教学资源、教案等，同时在平台上查阅其他教师的分享内容，实现线上交流与学习。

3. 鼓励跨学科交流

学校可以鼓励不同学科领域的教师之间进行跨学科交流，促进多学科知识的融合和交叉应用。跨学科交流可以拓宽教师的教学视野，丰富教学内容，提高教学效果。

4. 建立教师交流网络

学校可以与其他学校、教育机构建立合作关系，形成更广泛的教师交流网络。通过与外部教育机构的交流，学校可以获取更多的教学资源和经验，推动教育创新的跨校合作。

通过建立师资交流平台，学校可以促进教师之间的交流与合作，提高教师的专业水平和教学质量。教师在交流中相互学习和共同进步，为学生提供更优质的教育教学服务。同时，师资交流平台有助于学校形成积极向上的教育创新氛围，推动学校的发展与进步。

（五）设立创新教学奖励机制

学校可以设立创新教学奖励机制，鼓励教师参与教育创新，并对优秀的创新教学成果给予奖励和认可。

1. 制定奖励标准和评选流程

学校应当明确创新教学奖励的评选标准和流程，确保评选过程公平公正。奖励标准包括教学成果的质量、创新性、实际效果等方面，评选流程可以明确评审委员会的组成和评选程序。

2. 奖励种类多样化

创新教学奖励可以设置不同的奖项和类别，包括个人奖、团队奖、学科奖等。这样可以激励更多的教师参与教育创新，充分发挥团队合作的力量。

3. 提供丰厚奖励和荣誉

优秀的创新教学成果应当得到充分的奖励和荣誉。学校可以设置奖金、奖状、奖杯等奖励形式，同时在校内外进行宣传和表彰，使教师获得应有的尊重和认可。

4. 设立创新基金和项目支持

学校可以设立创新基金，专门用于资助教师的教育创新项目。教师可以根据自己的创新理念和实践需求，申请创新项目支持，帮助他们实现教学创新的想法。

5. 鼓励教师分享成果

学校可以组织教师成果展示活动，使获得奖励的教师分享自己的创新教学经验和成果。这不仅可以促进教师之间的交流与学习，还可以为其他教师提供借鉴和启示。

通过以上策略和方法，学校可以提高教师队伍的创新意识、创新能力和创新实践水平，推动思想政治教育的创新发展。同时，学校也应该建立科学的评估机制，对教育创新的效果进行定期评估，及时调整和改进教育创新的策略和实践。

第三节 创新思想政治教育的政策支持和社会资源调配

一、政策支持对思想政治教育创新的影响与作用

（一）政策引导教育创新思路

1. 制定鼓励创新的政策文件

政府和教育主管部门可以出台一系列鼓励思想政治教育创新的政策文件，明确政府对创新的支持态度和政策导向。这些文件包括教育改革规划、创新教育实施方案等，为学校和教师提供政策依据和指导，引导他们在教育创新方面开展实践。

教育改革规划。政府可以制定全面的教育改革规划，将思想政治教育创新纳入其中，明确发展目标和路径。该规划可以明确提出鼓励学校探索创新教育模式、培养创新人才、推动教育科技融合等内容，为学校和教师提供政策指引和支持。

创新教育实施方案。政府可以出台创新教育实施方案，具体阐述教育创新的目标、内容、实施步骤和支持措施。该方案可以明确教育创新项目的申报和评审程序，规定创新教育项目的资金支持和奖励办法，鼓励学校和教师积极参与创新实践。

教师培训和发展政策。政府可以出台教师培训和发展政策，鼓励教师参加创新教育培训，提高创新教育意识和能力。政策包括设立创新教育专项培训项目、提供奖励资金等，帮助教师不断更新知识、提高教学水平。

资金支持政策。政府可以通过增加投入，建立创新教育资金支持机制，向学校和教师提供资金支持。资金可以用于创新教育项目的开展、创新教材的编写、教育科技设备的购置等，为教育创新提供必要的保障。

2. 激励教师参与创新

政府可以出台政策，对参与思想政治教育创新的教师给予薪酬激励、职称晋升、奖励等。这可以激发教师的创新热情，吸引更多优秀教师参与创新实践，提高教育创新的活跃度和质量。

薪酬激励。政府可以通过设立创新教育绩效奖金或创新津贴，将教师在教育创新方面的贡献和成果与薪酬挂钩。通过这种方式，激发教师的积极性和创造性，推动他们更加积极地投入教育创新实践。

职称晋升。政府可以将教育创新工作作为评定教师职称的重要考核内容，对参与创新且成果显著的教师给予加分和优先晋升的机会。这可以增强教师对教育创新的重视和认可，提高他们参与创新的积极性。

教育创新奖励。政府可以设立教育创新奖项，对在教育创新方面取得显著成就的教师予以表彰和奖励。这些奖励包括荣誉称号、奖金或奖学金等，激励教师在思想政治教育创新领域不断探索和创新。

3.建立教育创新资金支持机制

政府可以设立专项资金，用于支持思想政治教育创新项目的实施。这些资金可以用于教材编写、教学设备购置、教师培训等方面，为教育创新提供必要的经济支持。

设立专项资金。政府可以设立专门的教育创新资金，将其纳入年度预算计划中。这些资金应当专门用于支持思想政治教育创新项目，确保其得到充分的经费保障。

明确资金使用范围。政府在设立教育创新资金时，需要明确资金的使用范围和用途。资金可以用于教材编写、教学设备购置、教师培训、创新活动组织等方面，确保资金的合理利用和效益最大化。

鼓励项目申请。政府可以鼓励学校和教师积极申请教育创新资金，推动更多的创新项目得到支持。同时，政府可以设立评审机制，对申请项目进行审查和评估，确保资金的有效使用和项目的实施效果。

支持多样化的创新项目。教育创新的方式和内容多种多样，政府应该鼓励各类创新项目的申请，包括教学内容创新、教学方法创新、实践活动创新等。这可以促进教育创新的全面发展，满足学校和教师的不同需求。

4.推动教育体制改革

政府可以通过推动教育体制改革，为思想政治教育创新提供更加开放和包容的环境。例如，建立灵活多样的教育评价机制，减轻教师和学校的评价压力，鼓励他们敢于尝试创新教学方法和形式。

建立灵活多样的教育评价机制。传统的教育评价过于注重分数和成绩，这对教师和学生的创新积极性形成了一定的压制。政府可以推动建立灵活多样的评价机制，包括综合素质评价、课程项目评估、学生自主评价等，使教育评价更加全面、多元，鼓励教师和学生敢于尝试创新教学方法和形式。

支持教师专业发展。教师是教育创新的主要实施者，政府可以加大对教师专业发展的支持力度，提供更多的培训机会和学习资源，使教师不断更新知识和提高教学水平，增强他们在教育创新中的能力和信心。

鼓励学校自主办学。政府可以鼓励学校自主办学，赋予学校更多的管理自主权和教育教学自主权。这可以使学校根据自身的特点和需求，开展适合自己的教育创新实践，促进教育创新在基层的蓬勃发展。

（二）政策促进教育创新实践

1.鼓励学校开展创新项目

政府可以通过拨款、项目立项等方式，鼓励学校开展思想政治教育创新项目。学校可以根据自身的特点和需求，开展各类创新实践，如开设特色课程、组织创新教育活动等。

2. 支持教育科研和实验基地建设

政府可以支持建设教育科研和实验基地，为教育创新提供实验场所和技术支持。这些基地可以成为教师和学生开展教育创新实践的平台，推动创新成果的转化和应用。

3. 鼓励产学研合作

政府可以促进学校与社会机构、行业企业等的合作，建立产学研合作平台。这可以使教育创新更加贴近社会需求和实际，为学生提供更多实践机会和就业支持。

4. 支持跨学科合作

政府可以出台政策，鼓励学科之间的交叉与融合。这可以促进不同学科之间的互补和创新，为思想政治教育创新提供更多的理论和方法支持。

（三）政策推动教育创新成果转化

1. 引导优秀创新成果示范推广

政府可以对优秀的思想政治教育创新成果进行示范推广。通过评选和宣传优秀创新案例，鼓励其他学校借鉴和推广成功经验，提高整体教育创新水平。

2. 支持教育资源共享和开放教育资源

政府可以推动教育资源的共享和开放，鼓励学校将优质教育资源对外开放。这可以促进教育创新成果的传播和共享，形成教育创新的良好氛围。

3. 建立教育创新评估机制

政府可以建立科学有效的教育创新评估体系，对教育创新项目进行评估和反馈。这有助于学校了解创新效果和问题，并及时调整和改进创新实践。

4. 支持教育创新专业化发展

政府可以支持建立专业化的教育创新机构或研究中心，为教育创新提供专业的指导和支持。这些机构可以开展教育创新研究、组织培训和交流活动，提高教育创新的质量和水平。

二、社会资源调配在思想政治教育创新中的应用和管理

社会资源调配在思想政治教育创新中起着至关重要的作用，它涵盖了各类社会资源的整合和合理利用，从而推动教育创新取得更好的成效。

（一）社会资源调配在思想政治教育创新中的应用和管理

1. 专业知识和技术支持

在思想政治教育创新中，学校可以借助社会资源中的专业知识和技术，引入前沿的教育理念和教学方法。学校可以与高校、研究机构、教育公司等建立合作关系，邀请专家学者进行教师培训和学术研讨，为教师提供专业指导和支持。同时，引进先进的教学技术设备，如智能化教学平台、虚拟现实教学工具等，可以提高教学效果，激发学生的学习兴趣和参与度。

2. 社会组织与机构合作

社会组织和机构在教育创新中发挥着积极作用。学校可以与非营利组织、公益机构等

合作，共同开展社会实践、志愿者活动等，丰富学生的学习经验，提高他们的社会责任感和公民意识。此外，学校还可以与文化机构、博物馆等合作，组织学生参观考察，拓宽学生的思想视野，增强他们对历史文化的认知。

3. 资金支持

教育创新需要足够的资金支持，学校可以通过多种途径争取社会资源中的资金。除了与企业、基金会、政府部门合作外，学校还可以开展教育创新项目的众筹活动，通过校友捐赠等方式筹集资金。这些资金可以用于购置教育技术设备、开展教师培训、组织创新实践活动等，推动教育创新的深入发展。

4. 社会经验和案例分享

学校可以积极参与教育创新交流与分享活动，借助社会资源平台，了解其他学校或地区在教育创新方面的成功经验和案例。这些经验和案例对于学校自身的创新实践具有借鉴意义，有助于学校发现问题、改进措施，提高教育创新的质量和效果。

5. 社会舆论和认可

教育创新需要得到社会的理解和认可，学校可以通过多种方式宣传和推广教育创新的成果和效果。学校可以邀请媒体参观报道教育创新项目，开展教育创新成果展示和发布会，借助社交媒体传播创新成果。社会的积极反响和认可将鼓励学校继续探索和推动教育创新。

通过合理利用社会资源，学校可以拓展教育创新的边界，提高教学质量和效果，培养更加优秀的社会主义建设者和接班人。在管理社会资源调配时，学校需要根据教育创新的需求，制定明确的规划和目标，加强合作与交流，确保资源的优化配置和高效利用。

（二）管理社会资源调配的注意要点

学校在管理社会资源调配时，需要注重以下几点：

1. 制定明确的资源调配规划

在进行社会资源调配时，学校需要制定明确的规划和目标。首先，要明确教育创新的重点领域和关键任务，确定需要哪些社会资源的支持和参与。其次，要设定合理的时间表和进度安排，确保资源调配的有序进行。规划中还应考虑不同资源的有效整合，如专业知识、资金、设施等，使其形成互补和协同的效果。

2. 建立合作机制

学校需要积极与社会组织、行业企业、政府部门等建立合作机制。通过建立稳定的合作关系，学校可以更好地获得社会资源的支持和参与。合作机制应当明确各方的责任和义务，确保资源调配的公平和透明。同时，建立资源共享平台，方便各方的信息交流和资源对接。

3. 加强评估和监督

对于社会资源的调配和提高使用情况，学校应进行定期的评估和监督。通过评估，学校可以了解资源调配的效果和问题，为后续的调整和改进提供依据。监督的目的是确保资源的合理利用，避免资源浪费和滥用。此外，要建立相应的反馈机制，及时了解社会资源参与者的意见和建议，以不断优化资源调配策略。

4. 提高资源利用效率

学校需要加强资源管理和提高利用效率，确保社会资源得到最大程度的利用。在资源调配过程中，要注重资源的合理配置，避免资源的重复使用或浪费。同时，要加强资源使用的监控和控制，确保资源使用符合规定和原则。此外，要鼓励创新和创意，发挥资源的最大潜力，提高资源的利用效率。

管理社会资源调配需要学校建立科学合理的规划和机制，加强资源的评估和监督，提高资源的利用效率。通过有效的管理，学校可以更好地发挥社会资源的作用，推动思想政治教育创新取得更加显著的成效。同时，要不断优化和完善资源调配策略，逐步形成可持续发展的资源支持体系。

学校应积极利用社会资源，开展多样化的合作与交流，共同推动思想政治教育创新不断取得新的进展和成就。同时，加强对资源调配的管理和监督，确保资源的合理分配和有效利用。只有充分发挥社会资源的优势，才能推动思想政治教育的创新和发展，培养优秀的社会主义建设者和接班人。

第八章　思想政治教育创新的实施策略

第一节　教育体制与机制创新

一、教育体制创新对思想政治教育创新的影响与改进

（一）教育体制创新对思想政治教育创新的影响

1. 创新意识和氛围的培育

教育体制创新为思想政治教育创新提供了更加开放和包容的环境，打破了传统教育观念的束缚。教师和学校受到鼓励，敢于尝试新的教学理念和方法，推陈出新。政府通过建立灵活多样的教育评价机制，教育工作者不再过分追求分数，而是注重培养学生的综合素质和创新能力。这种新的评价体系将为思想政治教育创新提供有利条件，促进教育创新的全面展开。

2. 教育内容的拓展和丰富

教育体制创新将推动课程改革，引入新的教育理念和内容，将思想政治教育与现代社会的发展需求相结合。传统的思想政治教育往往注重传授教条和基本知识，而教育体制创新将强调启发式教学、学生主体参与和问题导向学习等方法。创新的课程设置和教材编写将使思想政治教育更加贴近学生的实际生活和成长需求，提高学生的学习兴趣和学习积极性。同时，思想政治教育也将涵盖更广泛的内容，如公民意识、社会责任、创新思维等，以培养学生全面发展的能力。

3. 教师专业发展的提升

教育体制创新将为教师专业发展提供更多的支持和机会。学校可以组织更加多样化和专业化的教师培训，提供更多的学习资源和研究机会，帮助教师不断更新知识和提高教学水平，增强教师在教育创新中的能力和信心。政府可以出台相关政策，鼓励教师参与教育研究和实践，对参与创新的教师给予薪酬激励、职称晋升、奖励等，提高教师参与教育创新的积极性。

4. 学校自主办学的推进

教育体制创新将鼓励学校自主办学，赋予学校更多的管理自主权和教育教学自主权。学校可以根据自身特点和需求，开展适合自己的教育创新实践，推动教育创新在基层学校

的深入发展。政府可以支持学校建立创新团队和平台，为学校的教育创新提供支持和保障。此外，学校之间也可以开展交流与合作，共享成功的创新经验和案例，促进教育创新的全面提升。

（二）教育体制创新对思想政治教育创新的改进

1. 强化创新教育理念的引领

教育体制创新将强化创新教育理念在教育体系中的引领作用。政府和教育主管部门可以出台鼓励教育创新的政策文件，明确对创新的支持态度和政策导向。这些政策文件包括教育改革规划、创新教育实施方案等，为学校和教师提供政策依据和指导，引导他们在思想政治教育创新方面开展实践。

制定创新教育政策文件。政府可以出台一系列鼓励教育创新的政策文件，明确政府对创新的支持态度和政策导向。这些文件涵盖教育改革规划、创新教育实施方案、教育创新资金支持政策等。政策文件应当明确创新教育的重要性，提出鼓励学校和教师在思想政治教育中进行创新实践的具体要求和措施。

引导学校制定创新教育规划。政府可以引导学校制定创新教育规划，明确学校在思想政治教育创新方面的发展目标、重点和措施。学校的创新教育规划应当与政府的创新教育政策相一致，将政策落实到学校的具体实践中。

促进教育研究与交流。政府可以加大对教育研究的支持力度，鼓励教育学者和教育机构开展关于思想政治教育创新的研究工作。同时，政府还可以组织和支持学术交流活动，为学校和教师提供一个分享创新教育经验和成果的平台。

强化创新教育理念的引领需要政府发挥积极的引导和推动作用，通过政策文件的制定、学校规划的引导、教育研究的支持、培训与指导的提供以及评估体系的建立，为学校和教师提供更好的支持和保障，推动思想政治教育创新不断取得新的成果和突破。

2. 加强教育体制改革的宣传和推广

教育体制改革的推进需要得到社会各界的理解和支持。政府可以加强对教育体制改革政策的宣传和推广，使更多学校、教师和家长了解和接受这些政策。通过广泛宣传，可以提高思想政治教育创新在教育系统中的认知度和接受度。

制订宣传计划。政府可以制订详细的宣传计划，确定宣传的重点内容、渠道和时机。计划应涵盖多种宣传手段，如媒体发布、宣传活动、网络推广等，以覆盖不同群体和传播渠道。

制作宣传材料。政府可以制作宣传材料，如宣传册、海报、视频等，用简明扼要的语言和形象吸引人们的注意力，介绍教育体制改革的目标、内容和意义。

利用媒体宣传。政府可以通过电视、广播、报纸、杂志等主流媒体进行宣传报道，组织专题节目、访谈和报道，向公众全面介绍教育体制改革的进展和成果。

组织宣传活动。政府可以组织宣传活动，如教育改革论坛、学校开放日、教育创新展览等，使学校、教师和学生现场分享他们的教育创新经验和成果，增加公众对教育改革的了解和认同。

通过宣传和推广，政府可以增强教育体制改革的知名度和认可度，形成舆论支持和社会共识，推动思想政治教育创新在广大师生和家长中得到更广泛的认同和参与。

3.建立激励机制和奖励制度

为了推动思想政治教育创新，政府可以建立相应的激励机制和奖励制度，对参与教育创新的学校和教师进行表彰和奖励。这些奖励包括荣誉称号、奖金、职称晋升等形式，以激发教育工作者的积极性和创造性。同时，还可以设立教育创新奖项，评选优秀的教育创新项目和成果，为成功的案例提供典范和借鉴。

设立荣誉称号和奖项。政府可以设立一系列教育创新的荣誉称号和奖项，如"教育创新学校""创新教育教师""教育创新优秀项目"等。政府通过评选和授予这些荣誉称号和奖项，鼓励学校和教师积极参与教育创新，树立典型和榜样，引领更多教育工作者投身创新实践。

提供奖金和资助。政府可以设立教育创新专项资金，用于奖励教育创新的学校和教师。优秀的教育创新项目和成果可以获得奖金和经费支持，以资助项目的进一步开展和推广。

实行职称晋升政策。政府可以根据教育创新的贡献和成绩，将其纳入教师职称评审的考核指标中。教育创新的教师可以在职称晋升时获得优先考虑，提高其职业发展的机会和待遇。

制订专业发展计划。政府可以为教育创新教师制订专业发展计划，提供专业培训和学习机会，支持其不断提高创新能力和教学水平。

通过建立激励机制和奖励制度，政府可以有效调动教育工作者参与思想政治教育创新的积极性和创造性，形成推崇创新的社会氛围，推动教育体制创新不断深化和发展。同时，优秀的教育创新案例和成果的奖励也将为其他学校和教师提供宝贵的借鉴和参考，推动整个教育系统的不断进步。

二、教育机制创新在思想政治教育创新中的应用和探索

（一）课程设置与教学方法创新

教育机制创新可以推动思想政治教育的课程设置和教学方法创新。传统的思想政治教育往往依赖于传统的教学方式和内容，教育机制创新可以引入多元化的教学方法，如案例教学、小组讨论、互动式教学等，激发学生的学习兴趣和主动性。同时，教育机制创新还可以推动课程内容的更新和丰富，融入当代社会热点问题和现实案例，提高思想政治教育的实效性和针对性。

1.引入案例教学

教育机制创新可以鼓励教师在课堂上引入具有代表性的案例，使学生通过分析和解决实际问题来理解和掌握思想政治知识。案例教学可以提高学生的参与度和学习兴趣，培养学生的问题解决能力和思辨能力。

2.采用小组讨论

传统的思想政治教育往往是教师单向传授,而教育机制创新可以鼓励教师采用小组讨论的方式,使学生自主交流和合作,分享自己的见解和观点,从而激发学生的思考和创新意识。

3.推广互动式教学

教育机制创新可以倡导互动式教学,教师与学生之间建立更加平等和开放的交流平台。教师可以利用现代教育技术,开展网络互动教学,使学生在课堂之外也能进行知识的学习和交流。

4.引入项目式学习

教育机制创新可以鼓励学校推行项目式学习,使学生在实际项目中应用所学的思想政治知识。通过参与实际项目,学生能够深入了解学科知识的应用和社会实践的价值,培养学生的实践能力和创新精神。

5.推动跨学科教学

思想政治教育涉及多个学科领域,教育机制创新可以推动跨学科教学的开展。学校可以组织不同学科教师的协作,共同开展跨学科课程,使多个学科的知识相融合,提高思想政治教育的综合性和针对性。

教育机制创新在课程设置与教学方法方面的应用和探索,可以提高思想政治教育的教学效果和学习动力,使学生在积极参与教学过程中不断探索、创新和成长。同时,教育机制创新还可以促进教师的专业发展,鼓励教师在教学中尝试新的教育理念和方法,不断提高自身的教学水平和创新能力。

(二)评价与考核体系改革

教育机制创新可以推动思想政治教育的评价与考核体系改革。传统的评价体系往往注重学生的死记硬背和应试技巧,教育机制创新可以引入综合素质评价,更加关注学生的综合能力和创新精神。思想政治教育可以通过开展课堂讨论、社会实践、学科竞赛等多种形式,考查学生的综合素养和思辨能力。此外,教育机制创新还可以为教师提供多样化的评价指标,鼓励教师在教育创新方面进行探索与实践。

1.引入综合素质评价

教育机制创新可以推动引入综合素质评价,将学生的学业成绩与综合能力相结合进行评估。除了学科知识的掌握,还会考查学生的创新思维、问题解决能力、沟通合作能力等多方面的素养。这种评价体系更真实地反映学生的水平和潜能,鼓励学生全面发展,培养学生的综合素质。

2.推动多元化考核方式

教育机制创新可以推动多元化考核方式的应用。传统的考试方式偏重于笔试,而教育机制创新鼓励采用开放性、实践性考核,如项目报告、作品展示、实践表现等。这种考核方式更加贴近学生的实际学习和实践活动,更好地发掘学生的潜能和提高创新能力。

3. 建立多层次评价体系

教育机制创新可以建立多层次的评价体系，根据学生的学习阶段和不同需求，设置不同层次的评价标准。这种评价体系更好地满足学生个性化发展的需求，使每个学生都能在自己擅长的领域发光发热。

4. 提供教师专业发展的评价指标

教育机制创新可以为教师提供更多样化的评价指标，包括教学效果、教学创新、师德师风等方面。通过全面、客观、科学的评价，教师在教育创新中可以积极探索实践，提高教学水平，不断提升自身的教育教学能力。

教育机制创新通过在评价与考核体系方面的应用和探索，可以更好地适应时代发展和社会需求，推动思想政治教育朝着更加科学、全面、个性化的方向发展，为学生和教师的发展提供更加广阔的空间。同时，也能够促进教育体制的不断完善和提升，推动教育创新的深入开展，为建设社会主义现代化国家提供有力的人才支持。

（三）学生参与和主体地位的强化

教育机制创新可以强化学生在思想政治教育中的参与和主体地位。传统的思想政治教育往往是教师单向传授，学生被动接受，教育机制创新可以建立师生共同参与的教育模式。学生可以通过课堂讨论、学生自治组织、社会实践等方式参与思想政治教育的决策和组织，增强自主性和责任感，使思想政治教育更加贴近实际需求。

1. 建立学生参与决策的机制

教育机制创新可以建立学生参与思想政治教育决策的机制，如学生代表会议、学生议事会等。学校可以定期召开学生代表会议，邀请学生代表参与学校教育决策的讨论和决定，使学生的意见和建议得到充分听取和反馈。

2. 推动学生自治组织的发展

教育机制创新可以鼓励学生建立自治组织，如学生会、社团组织等。学生自治组织可以独立策划和组织各类活动，包括思想政治教育相关的讲座、讨论、社会实践等，增强学生的主体地位和自主性。

3. 引入学生评价教师的机制

教育机制创新可以引入学生对教师教学的评价机制。学生可以对教师的授课方式、教学内容、教学效果等进行评价，促进教师在教育创新方面不断改进和提高。

4. 支持学生参与创新实践

教育机制创新可以为学生提供更多的创新实践机会。学校可以组织学生参与科研项目、社会实践、创新竞赛等活动，鼓励学生在实践中发挥主体作用，培养学生的创新能力和实践能力。

5. 提供学生发展的多样化途径

教育机制创新可以为学生提供多样化的发展途径。传统的思想政治教育只注重学生的学业成绩，而教育机制创新允许学生选择不同的学习路径和学科方向，发展自己的特长和兴趣。

6. 建立学生参与教育评价机制

教育机制创新可以建立学生参与教育评价机制。学生可以对学校教育质量、教学环境、学习资源等方面进行评价，为学校改进提供有益建议。

通过以上措施，教育机制创新可以激发学生的学习热情和创新能力，增强学生的主体意识，使学生成为思想政治教育的积极参与者和主动推动者。这种教育机制创新有助于培养学生全面发展，为国家和社会的发展提供更多有力的人才支持。

（四）跨学科与跨界合作

教育机制创新可以促进思想政治教育的跨学科与跨界合作。思想政治教育涉及多个学科领域，教育机制创新可以鼓励学校之间和学科之间的合作与交流。学校可以与社会组织、企业、研究机构等合作，共同开展教育创新项目，融入更多的社会资源和实践经验，丰富思想政治教育的内容和形式。

1. 跨学科课程设计

教育机制创新可以推动学校设计跨学科课程，将不同学科的知识和概念有机结合，打破传统学科的界限。例如，在政治教育中融入历史、哲学、社会学等学科内容，使学生能够从多个角度理解和分析社会和政治现象。

2. 跨学科教师团队

教育机制创新可以鼓励学校组建跨学科的教师团队。教师可以跨学科合作，共同设计和实施教育创新项目，互相借鉴经验和知识，提高教学质量和创新水平。

3. 跨界合作项目

教育机制创新可以鼓励学校与社会组织、企业等开展跨界合作项目。例如，学校可以与社会组织合作开展社会实践活动，使学生亲身参与社会事务，增强社会责任感和公民意识。

4. 学术交流与研讨会

教育机制创新可以组织学术交流和研讨会，邀请不同学科领域的专家学者和从业者参与讨论。这种交流平台可以促进学科之间的互相借鉴和合作，推动思想政治教育的跨学科研究和实践。

5. 跨界教学实践

教育机制创新可以鼓励教师开展跨界教学实践。例如，政治教育的教师可以与艺术、体育等学科的教师合作，设计跨学科的教学活动，激发学生的创新思维和多元智能。

通过以上措施，教育机制创新可以促进思想政治教育的跨学科与跨界合作，拓宽教育的视野和深度，提高教学质量和效果。同时，跨学科与跨界合作也有助于培养学生的综合素养和创新能力，更好地应对现代社会的复杂挑战。这种教育机制创新将为培养全面发展的优秀人才和建设创新型社会打下坚实基础。

第二节　教学内容与方法创新

一、教学内容创新的理念与实践

（一）树立治理理念

理念的创新有利于实践的创新，针对理念偏差的问题，我们需要通过创新教育和治理的理念来解决，首先要树立治理理念。管理与治理虽然在字面上只有一字之差，但是在内涵与意义上大相径庭。社会治理理念是社会管理理念的一种升华，是一种超越，是一种符合社会发展的新理念，是一种维护治理主体的新观念。因此，在社会治理工作中应该坚定地树立治理理念，更好地发挥其功能和作用，充分调动起各个主体的积极性，在维护国家和社会稳定的基础上，更要重视人民的权利，维护群众的利益。

随着社会的进步和时代的跨越，人民群众的生活水平逐渐提高，日益增长的需求不仅体现在物质层面，更体现在精神文化层面。人民的平等意识、法治意识、主体意识以及价值意识等都在不断加强。精神世界的不断丰富使得社会成员在社会治理的配合中不再完全接受传统的方法和硬性的手段，他们更倾向于从维护主体权利出发，提出自己的认识和观点。所以，在此现实背景下，二者的结合是非常好的选择，也是一种必然的选择，是管理向治理突破的重要时期，更是发挥思想政治教育社会治理功能维护社会稳定的黄金时期。有了"管理"到"治理"的理念转变，再将思想政治教育融入社会治理的各个环节和领域，从而提高社会的运行效率，增强复杂环境中社会治理的变通性、繁杂性和柔韧性，实现社会治理以人为本的实质价值，最终推动建设社会主义和谐社会的进程。既维护了国家和社会的稳定，也保障了社会群众的权利，同时满足了社会主体对自由、平等、公正、法治等精神层面的需求，进一步实现思想政治教育与社会治理的有机统一。

由"管理"到"治理"的转变，带来的是人民从排斥到接受的改变，实现的是从强制到服务的升华，是一种理念与实践的双重创新。这是与时俱进的体现，是顺应时代的体现，符合国家社会的要求，只有更新思维，树立治理理念，才能真正实现二者的完美结合，增强思想政治教育社会治理功能的实用性和时效性，为社会的进步与发展打下坚实的基础和提供更好的保障。

（二）树立人本理念

创新治理理念，我们还应树立人本理念。人的存在论是马克思主义人学理论的前提和基础，唯物史观以"现实的人"为基础，来理解社会历史现象的出发点。思想政治教育有十分可塑的柔韧性和非常灵活的应变能力，思想政治教育社会治理更注重治理主体和治理对象的需求。因此，必须树立"以人为本"的理念，才能更好地满足人民群众日益增长的精神文化需求，激发其社会参与活力，鼓励其参与性、积极性和主动性。

首先，树立"以人为本"理念有利于发挥思想政治教育的功能，通过引领、协调、引导、鼓励等方法，有利于提高社会成员的思想认识、人民的道德素质、群众的品德修养。

其次，树立"以人为本"理念不仅可以拓展其教育功能的研究内容，而且可以推动社会治理学在意识形态层面的研究。进一步延伸了其教育和治理功能的视野和角度，保证其功能发挥的前沿性、创新性和科学性，不仅完善了二者功能研究的基础理论构建，更增强二者功能发挥时效性与实践性。

再次，树立"以人为本"理念，有助于促进公众参与意识的提升，凝聚民众思想、坚定人们信仰，鼓励公众增强参与意识与主体意识。

最后，"以人为本"理念的树立，有利于治理主体实现在社会治理实践活动中汇聚社会力量、凝聚思想共识、形成强大合力。有利于提高治理水平，推动思想政治教育实践的创新发展，为有效实现国家治理体系和治理能力现代化打下坚实稳固的实践基础。因此，树立"以人为本"理念，是发挥其功能的重要前提、重要保障、重要途径，形成强大的合力，最后得到"$1+1>2$"的效果。

（三）树立服务理念

思想政治教育社会治理理应遵循民主原则，努力尊重和维护人民群众的主人翁地位，切实保障公众的根本利益，坚定全心全意为人民服务的宗旨，树立服务理念。马克思主义认为，民主是人民主权和人民意志的实现。由此可见，其服务理念就是要在教育和治理二者结合过程中充分体现和尊重人民群众的主人翁地位，保障人民的根本权利，尊重群众的人格，以服务教育对象为目的，确保思想政治教育社会治理工作的开展有坚实的群众基础。

树立服务理念具体从两方面入手，一是优化服务功能。可以通过举办服务作风、自律规范等专题讲座，改变思想政治教育主体的工作态度和认识，促进治理人员树立良好的职务观，合理利用自己的职权，为人民群众提供更完善的服务。二是充分发挥思想政治教育工作的优势。通过学习党的精神、贯彻党的方针，为人民群众做好思想工作，不断地为人民群众提供优质的服务。积极树立服务意识，突出服务工作重点，通过服务体现思想高度，强化思想意识，达到为人民服务的目的。

二、拓宽思想政治教育载体

（一）善用活动载体

在思想政治教育中，教学内容与方法的创新是非常重要的，而善用活动载体则是丰富教育和治理的有效方式。活动载体是一种将教育内容与实践活动相结合的特殊形式，它在思想政治教育中具有重要的功能和作用。

首先，活动载体能够有效传递和承载教育信息。通过各种形式的活动，教育者可以将教育内容融入其中，使学生在参与活动的过程中接受思想政治教育。这种潜移默化的方式可以更好地达到教育目的，提高学生对于思想政治教育的接受度和认同感。

其次，活动载体能够激发学生的积极性和主动性。活动的参与往往需要学生主动投入，通过实践活动，学生可以积极主动地参与思考、实践和反思。这种积极参与能够培养学生的自主学习能力和创新精神，提高他们的思辨能力和解决问题的能力。

再次，活动载体能够促进社会群众的参与和共建共治。通过丰富多样的活动形式，可以吸引更多社会群众参与其中，共同参与思想政治教育的过程和实践。社会群众的参与可以提高治理的效率和公众的满意度，形成社会治理的良性循环。

最后，活动载体还能够丰富人们的精神文化生活。不同类型的文化活动、竞赛活动和休闲活动等，能够满足人们多样化的精神需求，培育良好的社会心态和文明风尚。

通过灵活运用各种活动的载体，将教育寓于实践和行动中，有助于形成良好的社会氛围和文明风尚，同时促进教育实践的有效性和深入发展。善用活动载体不仅能推动思想政治教育的发展，还有助于社会治理的优化和提升。因此，改进教学方法和载体手段，提升治理的有效性，是思想政治教育创新中必不可少的一环。

（二）善用文化载体

文化载体是将思想政治教育内容融入文化，利用文化氛围与产品进行教育的一种方式。这种方法能够潜移默化地影响人们的思想和道德素质，提高整个社会的思想政治水平。

首先，善用文化载体可以丰富教育的形式与内容。文化载体丰富多样，包括各种文化产品和文化活动，如艺术表演、展览、文化节等。通过将思想政治教育内容与这些文化载体相结合，可以使教育更具吸引力和趣味性，从而激发学生的学习兴趣和参与热情。

其次，文化载体可以提高教育的实效性。文化载体在社会中有广泛的影响力，它能够将思想政治教育融入日常生活和文化氛围。在潜移默化的影响下，人们不知不觉接受到思想政治教育的熏陶，从而实现了教育的有效传达和落地。

再次，善用文化载体可以增强教育的趣味性和吸引力。文化活动往往具有娱乐性和互动性，通过在教育过程中融入这些活动，可以增强学生的参与感和积极性。在愉悦的氛围中学习，学生更容易接受和理解教育内容。

最后，文化载体可以增强社会治理的效果。思想政治教育作为治理的一种手段，通过利用文化载体，能够更好地吸引社会群众参与其中，形成共建共治的良好局面。这有助于提高社会治理的效率和公众的满意度。

因此，善用文化载体是推动思想政治教育创新的重要途径。通过将教育内容融入文化，结合多样化的文化载体进行教学，可以提高教育的实效性和吸引力，促进社会治理的优化和提升。教育工作者应当因地制宜，灵活运用文化载体，打造具有特色的文化活动，为社会成员提供更加丰富多样的思想政治教育体验。

（三）善用传媒载体

随着网络的发展，科技在进步，时代在发展，现代传媒在人们的生产生活中发挥着重要作用，产生了巨大影响，现代传媒载体包括现代印刷载体、电子载体以及网络载体等。传媒所带来的信息量是巨大的，覆盖范围也相当广泛，对人们的思想、道德、生活、精神、心理等产生潜移默化的影响。因此，在现代传媒迅速发展的今天，我们应该紧紧把握现代传媒的优势，使其充分发挥作用，推进思想政治教育社会治理的发展。思想政治教育的传媒载体通过各种形式发挥着传播思想与文化的重要作用，为社会治理提供了更为方便、快捷的方式和方法，使思想政治教育的社会治理途径更加多样，也使思想政治教育社会治理更加智能化、网络化、高效化。

因此，要善于利用思想政治教育的传媒载体，通过丰富多样的教育形式和宣传方式，寓于教育人文情怀，增强思想政治教育的实用性和时效性。如今，网络思想政治教育的发展十分迅速，通过网络进行思想政治教育的相关工作，不仅体现了其科学性，也体现了其与时俱进的特性。利用网络进行教育有时也可以碰撞出不一样的火花。因此，在思想政治教育过程中，充分利用传媒这一载体，将教育与人文情怀结合，更能获得群众的好感和支持，也更能体现思想政治教育的感召力、吸引力和亲切力，从而推动思想政治教育社会治理功能的实现，最终提升治理的有效性。

三、优化思想政治教育环境

优化思想政治教育环境是提高思想政治教育效果和质量的重要举措。为此，可以从加强文化环境建设、加强经济环境建设和加强社会环境建设三个方面着手，以创造有利于思想政治教育的良好环境。

（一）加强文化环境建设

鼓励优秀的思想政治教育文化作品的创作和传播。政府可以通过资助和奖励机制，鼓励艺术家、编剧、作家等创作优秀的思想政治教育相关作品。这些作品可以以电影、电视剧、音乐、文学等多种形式传播，将思想政治教育的理念和价值观融入其中。政府可以提供资金支持和市场推广，使这些作品能够更广泛地触达受众，提高教育的吸引力和影响力。

加强中华优秀传统文化和社会主义核心价值观的宣传和教育。优秀传统文化是中华民族的瑰宝，社会主义核心价值观是社会主义现代化建设的价值基础。政府可以通过各种形式的宣传和教育活动，弘扬中华优秀传统文化和社会主义核心价值观，引导公民树立正确的价值观和道德观。例如，政府可以组织文化展览、传统节日庆祝活动、价值观教育讲座等，让学生和公众更好地了解和传承优秀的传统文化，增强文化自信和民族自豪感。

鼓励学校、社区等单位组织文化活动。学校和社区是思想政治教育的重要阵地，通过组织各种文化活动，为学生提供更多参与思想政治教育的机会。学校可以开展书法、绘画、演讲比赛等活动，鼓励学生通过艺术表达和演讲展示，深入思考和讨论思想政治问题。社区可以组织文化交流、文化讲座、戏曲演出等活动，为社区居民提供良好的文化熏陶和学习机会。此外，还可以邀请专家学者举办文化讲座和研讨会，提供思想引导和学术交流的平台。

通过以上措施，可以逐步构建积极向上、开放包容的文化环境，为思想政治教育提供有益的文化背景。这种文化环境将有助于引导学生树立正确的价值观和道德观，培养他们的爱国情怀和社会责任感。同时，这种环境也能够为教师提供更广阔的教育载体和教学资源，促进他们在思想政治教育中的创新实践。

（二）加强经济环境建设

增加对思想政治教育的资金投入。政府应当加大对思想政治教育的资金投入，提高学校教育资源的配置水平。这包括增加教学设备、教材和教具的购置经费，改善教学条件和学习环境。同时，政府还应适当提高教师的工资待遇，激励他们积极参与教育创新和专业发展。此外，政府还应加强对教师培训的资金支持，提高教师的教育水平和专业素养。

设立奖学金、助学金等资助措施。为了保障教育的公平性，政府可以设立奖学金、助学金等资助措施，帮助家庭经济困难的学生接受良好的思想政治教育。这些资助措施可以根据学生的学业成绩、品德表现等条件设立，并覆盖各个教育阶段。通过资助措施的实施，可以减轻贫困家庭学生的经济负担，确保他们能够平等地享受优质的思想政治教育资源。

鼓励企业、社会组织等加强对思想政治教育的赞助和支持。除了政府的资金投入，鼓励企业、社会组织等加强对思想政治教育的赞助和支持也是重要举措。政府可以制定相应的政策，鼓励企业通过捐赠、赞助等形式为思想政治教育提供资金支持。同时，政府可以与社会组织合作，共同开展思想政治教育项目，充分利用社会资源和专业力量，提供多元化的教育载体和活动形式。

通过加强经济环境建设，确保教育资源的充足和平等分配，能够为思想政治教育提供良好的基础条件。充足的经费投入和良好的经济环境可以提高教育质量和覆盖面，促进教师和学生的积极性和创造性，推动思想政治教育的全面发展和提高。

（三）加强社会环境建设

社会环境是影响教育效果的重要因素，优化社会环境有助于激发学生学习的积极性和主动性。具体措施包括：

建设和谐、安全、稳定的社会环境。为了给学生提供健康成长的保障，社会环境的和谐、安全和稳定是非常重要的。政府和社会各界应加强维护社会安全稳定的措施，打击各类违法犯罪行为，确保学生在安全的社会环境中学习和生活。同时，要加强对校园暴力、欺凌等不良行为的防范和处理，营造尊重、理解、关爱的校园文化氛围，使学生在安全舒适的环境中积极学习和成长。

加强对媒体的引导和管理。媒体在社会环境中具有重要的影响力，因此，对媒体的引导和管理至关重要。政府和相关部门应加强对媒体的监管和管理，确保思想政治教育内容的正确传播。同时，要加强对网络媒体的管理，防止不良信息对学生产生负面影响。政府和相关部门引导媒体传播积极向上的思想政治教育内容，弘扬社会主义核心价值观，激励学生树立正确的世界观、人生观和价值观。

鼓励社会各界组织开展志愿者服务活动。志愿者服务活动是增强学生社会意识和参与意识的有效途径。政府和社会组织应鼓励社会各界开展志愿者服务活动，为学生提供更多实践和社会参与的机会。学生可以通过参与志愿者服务活动，深入社会，了解社会问题，增强公民责任感和社会责任感。同时，志愿者服务活动也有助于学生发现自己的兴趣和潜力，促进个人全面发展。

通过加强社会环境建设，营造和谐、安全、稳定的社会氛围，引导媒体正确传播思想政治教育内容，鼓励社会各界组织开展志愿者服务活动，可以激发学生学习的积极性和主动性。学生在良好的社会环境中成长，将更加自信、积极，为社会主义事业做出积极贡献。同时，这种社会环境也有利于思想政治教育的开展和深化，推动教育的发展和提高。

第三节　师资队伍与师生关系创新

建立平等、尊重的师生关系是培养学生自主学习能力的关键。教师应该尊重学生的个性和意愿，给予学生充分的表达和选择权，使学生感受到被尊重和被理解。

一、激发学生学习兴趣

教师可以运用生动有趣的教学方法和案例，吸引学生的注意力，激发学生对思想政治教育的兴趣。同时，鼓励学生提出问题和思考，积极参与讨论，增强师生互动。

（一）生动有趣的教学方法

1. 多媒体教学

在思想政治教育中，多媒体教学是一种非常有效的教学方法。通过使用投影仪、电子白板、音频设备等多媒体设备，教师可以将丰富多彩的图片、视频、音频等资料呈现给学生，使抽象的概念和知识变得具体形象。例如，在讲解历史事件时，教师可以用动画或视频展示相关场景，使学生有身临其境之感，增强学习的趣味性和吸引力。

2. 游戏化教学

游戏化教学是将学习内容融入游戏，使学生通过游戏来学习。在思想政治教育中，可以设计一些有趣的游戏环节，如角色扮演、模拟决策等，使学生在游戏中充分参与和体验，从而加深对知识的理解和记忆。例如，模拟政府决策游戏，学生扮演政府官员，进行政策制定和实施，体验政府管理的复杂性和挑战，从中学习相关政治理论和实践。

3. 故事教学

故事教学是通过讲述有趣的故事、历史事件、先进事迹等来传递知识和价值观。在思想政治教育中，教师可以选择有代表性的历史人物或英雄事迹，用生动的语言和情节向学生讲述，引发学生的情感共鸣和好奇心。通过故事教学，学生可以更好地理解和接受思想政治教育内容，促使他们更深入地思考相关议题。

这些生动有趣的教学方法都强调教学过程中的互动与参与，使学生成为学习的主体，而不是被动接受知识的对象。通过这些教学方式，学生会更加主动地投入学习，提高学习的积极性和主动性。同时，这些方法还能够激发学生的好奇心和求知欲，使他们对思想政治教育的学习充满兴趣和动力。因此，教师在思想政治教育中应积极探索并灵活运用这些生动有趣的教学方法，提高教学效果和学生的学习体验。

（二）鼓励学生提出问题和思考

1. 开放性问题

在课堂上，教师可以精心设计一些开放性问题，引导学生主动思考和探索。这些问题不是简单的答案题，而是需要学生通过深入思考、分析、归纳等方式做出解答的问题。例如，在政治课上，教师可以提出关于社会问题、国际关系等的开放性问题，鼓励学生从不同的角度思考，激发他们的思考热情和批判性思维。

2. 问题导向学习

问题导向学习是一种以问题为引导，使学生主动参与学习和解决问题的学习方法。教师可以设计一些有挑战性和实践性的问题，使学生在解决问题的过程中自主探索、合作探讨，产生学习成就感。这种学习方式可以激发学生的求知欲和好奇心，使学习更有目标性和动力。

3. 问题分享

学生对问题的看法和思考是多样的，鼓励学生分享自己的想法和观点是非常重要的。在课堂上，教师可以设立一些讨论环节，鼓励学生积极参与，分享自己对问题的理解和见解。这种做法不仅能够增强学生的自信心，还能够促进学生之间的交流和合作，营造积极向上的学习氛围。

通过鼓励学生提出问题和思考，教师能够激发学生的学习兴趣和主动性。学生在自主思考和探索的过程中，能够形成批判性思维、创造性思维和解决问题的能力。同时，问题导向学习和问题分享也有助于增强学生的学习动力和学习的满足感。因此，教师在思想政治教育中应当充分运用这些方法，引导学生自主思考和参与，打造积极向上的学习氛围，从而提高思想政治教育的实效性和吸引力。

（三）增强师生互动

教师可以采用小组讨论、角色扮演、问题解答等方式，增加学生与教师之间的互动，使学生参与到课堂中来。教师应积极鼓励学生的表现，给予肯定和赞赏，使学生感受到学习的乐趣，产生成就感，从而更加主动地参与学习。

1. 小组讨论的有效应用

组建合理的小组。在思想政治教育中，教师可以根据学生的不同特点和兴趣爱好，合理地组建小组。通过合理组队，学生之间形成良好的互补关系，充分发挥个体优势，促进相互学习和合作。同时，教师也应确保每个小组的成员数量适中，避免出现人数过多或过少的情况，以保证小组讨论的高效性和学习效果。

设置明确的讨论主题。教师在设计小组讨论的活动时，应明确讨论的主题和目标。主题要与课程内容密切相关，既能激发学生的学习兴趣，又能提高学生对思想政治教育的理解和掌握。通过明确主题，学生在讨论中能够聚焦问题、集中思考，形成深度学习和思辨的能力。

指导学生展开深入讨论。教师在小组讨论中不仅是观察者，更应充当良师益友的角色。在讨论过程中，教师应积极引导学生，激发学生的思考和表达，鼓励学生发表独特的观点，并就他们的发言给予适时的肯定和反馈。同时，教师还要调动学生的积极性，防止少数学生主导全组讨论，保障每个学生都有机会参与和表达。

2.角色扮演的情境营造

选取合适的角色扮演情境。教师可以选择与思想政治教育内容相关的实际情境作为角色扮演的场景，使学生在虚拟的情境中扮演不同的角色。通过角色扮演，学生可以更加深入地了解不同角色的思想、行为和决策过程，加深对社会现象的认识和理解。

引导学生深入思考与感受。在角色扮演过程中，教师应该引导学生从不同角度思考问题，关注每个角色所面临的困境和选择。同时，教师还要鼓励学生深入感受和理解不同角色的情感和心理变化，培养学生的同理心和理解他人的能力。

展开角色扮演的后续讨论。角色扮演后，教师可以组织学生进行后续讨论，引导学生分享在角色扮演中的感受和体会。通过分享和交流，学生可以进一步理解和掌握思想政治教育内容，加深对社会问题的认识。

3.问题解答的积极引导

鼓励学生提问。在课堂上，教师应该鼓励学生提出问题。学生提出问题是学习的主动行为，有助于激发学生的学习兴趣和求知欲。同时，教师还应当积极回应学生的问题，给予学生正确的答疑解惑，让学生感受到提问是受到欢迎和鼓励的。

引导学生自主解答。教师除了回答学生的问题外，还可以引导学生自主解答。例如，教师可以将问题转给其他学生，让他们做出回答和解释。这样可以增加学生之间的互动和交流，培养学生的合作意识和团队精神。

激发学生深入思考。教师在问题解答中不仅要传递知识，更要激发学生的深入思考。教师通过追问、引导等方式，帮助学生发现问题的本质和内在联系，培养学生的批判性思维和分析能力。

通过以上方法，教师可以增强与学生之间的互动，使学生更加积极主动地参与思想政治教育。师生之间的积极互动是教学过程中至关重要的一环，它不仅能够激发学生的学习兴趣和学习动力，还能促进师生之间的情感交流和信任建立，有助于营造良好的教学氛围和学习环境。

二、提供个性化辅导

不同学生有不同的学习特点和需求，教师可以为学生提供个性化的辅导，帮助学生克服学习障碍，全面发展。

（一）个性化辅导的重要性

1. 学习特点多样性

学生的学习特点因个体差异而多样。有的学生是视觉型学习者，他们更容易通过图像和图表理解知识；有的学生则是听觉型学习者，更喜欢通过听讲和讨论来吸收知识；还有的学生是动手型学习者，他们更倾向于通过实际操作和实践来学习。针对这样的多样性，教师可以采用多种教学手段，例如，使用多媒体教学来满足视觉型学习者的需求，组织小组讨论来促进听觉型学习者的参与，以及设计实践活动来满足动手型学习者的学习需求。

2. 学习需求个体化

个体化辅导能够针对每个学生的学习需求进行精准的帮助和指导。有的学生对某个知识点理解较困难，需要更多的解释和辅导；有的学生对某个主题特别感兴趣，希望深入探讨。通过了解学生的学习需求，教师可以为每位学生制订针对性的学习计划和个性化的学习目标。这不仅可以提高学生学习的效率，还能提高学习的积极性和主动性。

3. 学习障碍克服

在学习过程中，一些学生会面临学习障碍，如学习焦虑、自卑心理等。这些障碍会影响学生的学习兴趣和学习动力，导致学习效果不佳。通过个性化辅导，教师可以与学生建立良好的师生关系，鼓励学生表达自己的困惑和问题。同时，教师可以采取相应的教学策略，帮助学生逐渐克服学习障碍，增强学习信心。通过不断地支持和激励，学生会克服心理障碍，更加积极地投入学习中。

通过充分考虑学生的学习特点和需求，提供个性化的辅导和帮助，可以激发学生的学习兴趣，提高学习积极性，促进学生全面发展。教师在实施个性化辅导时，应细致入微地了解学生的情况，灵活运用多样化的教学手段和策略，克服学习障碍，使每个学生都能在思想政治教育中获得全面的成长和发展。只有在个性化辅导的指导下，学生的学习潜力和能力才能得到最大限度的发挥，为培养社会主义建设者和可靠接班人奠定坚实的基础。

（二）实施个性化辅导的策略

1. 评估和了解学生

实施个性化辅导的第一步是对学生进行全面评估和了解。教师可以通过观察学生在课堂上的表现、与学生的交流、作业和考试成绩等方式来获取信息。此外，教师还可以使用一些专业的测评工具来了解学生的学习风格、学习偏好以及学习困难。通过这些评估手段，教师可以全面了解每个学生的学习特点和学习需求。

2. 灵活应用教学策略

在了解学生的学习特点后，教师应该灵活地调整教学策略，以满足不同学生的学习需求。例如，对于学习快速的学生，教师可以提供更多的拓展学习资料和挑战性的学习任务，以激发他们的学习兴趣和求知欲。对于学习较慢的学生，教师可以采用更多的辅导和讲解，帮助他们逐步理解学习内容。此外，对于喜欢动手实践的学生，教师可以引入实践活动和案例分析，让他们在实践中学习。

3.制订学习计划

个性化辅导需要为每个学生制订独特的学习计划。学习计划应当考虑学生的学习目标、学习进度和学习能力。在制订学习计划时，教师可以与学生进行沟通，了解他们的学习意愿和学习目标，并根据实际情况进行合理安排。同时，学习计划应当明确学习内容和学习时间，帮助学生有条不紊地学习，避免学习压力过大或学习进度过慢的情况发生。

4.记录与反馈个性化辅导

在实施个性化辅导的过程中，教师应该及时记录学生的学习情况和进展，并给予针对性的反馈。通过记录学生的学习表现，教师可以更好地跟踪学生的学习进度和学习成果。同时，教师还应该与学生进行反馈交流，及时指出学生的学习优势和不足，并提供相应的改进建议。这有助于学生及时调整学习策略，取得更好的学习效果。

5.鼓励学生自主学习

个性化辅导的目标是培养学生的自主学习能力。因此，教师应该鼓励学生主动参与学习，积极解决学习问题，培养学生的学习兴趣和学习动力。同时，教师还可以引导学生自主选择学习内容和学习方式，培养学生的学习主动性和学习自信心。通过鼓励学生自主学习，个性化辅导能够激发学生的学习潜力，促进学生全面发展。

三、建立良好的学风和班风

教师应引导学生建立良好的学风和班风，营造积极向上的学习氛围。通过集体活动和班级建设，增强学生集体荣誉感和凝聚力。

（一）学风的培养

榜样示范。教师通过向学生展示学习优秀榜样的事迹和成就，如学业上的优异表现、参与社会实践的成功案例等，使学生看到成功的背后付出的努力和智慧。榜样示范是一种潜移默化的教育方式，通过身边的榜样激发学生的学习动力和追求卓越的愿望，使他们愿意向优秀的榜样看齐，不断提升自己。

激发学习兴趣。教师应该在教学中创设愉悦的学习氛围，运用生动有趣的教学方法，如教学游戏、互动讨论、实践活动等，使学生在轻松愉快的氛围中学习。此外，教师可以根据学生的兴趣爱好，引导他们在学习中发现乐趣和收获，激发他们对知识的好奇心和求知欲。

定期评估和奖励。教师可以定期对学生的学习情况进行评估，及时了解学生的学习进展和存在的问题。对于学习成绩优异的学生，可以给予适当的奖励和表扬，如荣誉证书、奖学金、奖品等，以激励他们继续保持良好的学习状态和努力进取的精神。

学习计划制订。教师可以帮助学生制订个性化的学习计划，根据学生的学习目标和能力，合理安排学习时间和任务。学习计划的制订需要考虑学生的自主学习能力和时间管理能力，同时注重培养学生的学习自律性，使他们在学习过程中逐渐形成有效的学习方法和习惯。

通过以上的学风培养策略，教师可以有效地激发学生的学习兴趣和主动性，使他们更加积极地投入到思想政治教育中，从而取得更好的学习效果和实现全面发展。

（二）班风的营造

1. 班级建设

班级文化的塑造。教师可以引导班级成员共同参与班级文化的塑造，如制定班规、班纪、班训等。班级文化应反映班级的核心价值观和共同目标，鼓励学生形成良好的学习和行为习惯。

班级活动的组织。教师可以定期组织各种班级活动，如班级会议、班级文化节、团队合作项目等。这些活动可以增进班级成员之间的交流和友谊，促进学生的团队合作和协作能力的提升。

班级文化节。教师可以组织班级文化节，使学生在活动中展现自己的才艺和特长。班级文化节可以增强学生的自信心和表达能力，增进班级成员之间的感情。

班级合作项目。教师可以组织班级合作项目，使学生协作完成一项任务或项目。通过合作项目，学生形成团队合作精神和解决问题的能力，增强班级凝聚力。

班级荣誉的认可。教师可以定期表彰班级成员的优秀表现，如学习成绩优异、社会实践突出等，激励学生保持良好的学习和行为表现。班级荣誉的认可能增强学生的集体荣誉感和凝聚力。

班委组织的建立。教师可以帮助学生选举班委会，建立班级自治和管理机制。班委会可以协助教师组织班级活动，传递学生的意见和需求，增强班级成员的参与感和责任感。

通过以上策略，教师可以积极参与班级建设，营造健康向上的班级氛围，增强学生的集体凝聚力和团队合作意识。班级建设不仅可以促进学生的全面发展和个性成长，还可以为学生提供一个温暖、和谐的学习和成长环境。在这种环境中，学生可以更好地发挥自己的潜能，实现个人价值的最大化。

2. 班级规章制度

教师与学生一起制定班级规章制度，明确班级的共同目标和价值观，促进班级成员的共识和认同。规章制度可以约定学生在学习和生活中应遵守的行为准则，以及班级内部的责任分工和合作机制。通过共同遵守规章制度，学生能够树立良好的行为习惯和价值观念，培养班级凝聚力和归属感。

规章制度的制定过程。教师可以组织班级成员一起讨论和制定班级规章制度。在制定过程中，教师可以引导学生表达自己的意见和需求，协商确定班级共同遵守的行为准则和规定。

明确学习和行为准则。班级规章制度应明确学生在学习中应遵守的准则，如课堂纪律、作业完成情况、迟到早退等情况的准则。规章制度还可以约定学生在班级交往中应遵守的行为准则，如尊重他人、团队合作等。

责任分工和合作机制。规章制度可以明确班级成员的责任分工和合作机制，如班委会的职责、学习小组的组织等。规定责任分工和合作机制可以激发学生的参与意识和主动性。

奖惩机制的建立。规章制度还应明确奖惩机制，对于遵守规定的学生给予适当的表扬和奖励，对于违反规定的学生给予及时的批评和处罚。奖惩机制有助于激励学生遵守规章制度，形成良好的行为习惯。

定期评估和调整。班级规章制度应定期评估和调整，以适应学生学习和成长的变化。教师可以组织班级成员进行规章制度的评估，收集学生的意见和建议，及时调整规章制度。

通过与学生一起制定班级规章制度，教师使学生在参与制定过程中感受到自己的重要性和责任感，增强班级成员的共识和认同。遵守规章制度可以使学生养成良好的行为习惯和价值观念，培养班级凝聚力和归属感。在规章制度的引导下，班级将成为一个和谐、积极向上的学习和成长环境，为学生的全面发展奠定坚实的基础。

3. 师生互动

教师应积极与学生进行互动，关心他们的学习和成长，倾听他们的心声和需求。师生之间的良好关系是班级形成积极向上氛围的关键因素之一。教师可以定期与学生进行面谈，了解他们的学习状况和困难，并提供个性化的指导和帮助。同时，教师应该表现出对学生的理解和支持，鼓励学生勇于表达自己的意见和看法，形成良性的师生互动关系。

面谈了解学生。教师可以定期与学生进行面谈，了解他们的学习状况、学习动力、学习兴趣和困难等。通过面谈，教师能够更深入地了解学生的个性和需求，为提供个性化的指导和帮助奠定基础。

鼓励学生表达意见。教师应该鼓励学生勇于表达自己的意见和看法，倾听他们的声音。学生在班级中应该感到被尊重和被重视，教师可以采用问询式的教学方式，积极引导学生参与讨论和互动，培养他们的批判性思维和自信心。

关心学生情感和心理。除了关注学生的学业表现，教师还应关心学生的情感和心理发展。对于学生的困扰和烦恼，教师应给予耐心倾听和理解，并提供必要的支持和帮助。

赞扬和鼓励学生。教师应及时赞扬学生的优点和进步，给予肯定和鼓励。鼓励是一种有效的激励手段，能够增强学生的自信心和学习动力。

多样化教学方法。在教学过程中，教师可以采用多样化的教学方法，如小组讨论、角色扮演、问题解答等，增加学生与教师之间的互动。通过积极的师生互动，学生能够更好地理解和掌握知识，增强学习的兴趣和参与度。

师生互动关系的良好建立有助于激发学生的学习兴趣和学习动力，增强学生的学习信心和学习效果。通过教师与学生之间的积极互动，班级将形成和谐、积极向上的学习氛围，促进学生全面发展和成长。

4. 班级协作

共同策划班级活动。教师可以鼓励学生共同参与班级活动的策划和组织。例如，教师组织一次班级文化节、主题晚会或志愿者服务活动，学生可以在小组中共同商讨、协调资源和分工合作，从而培养团队合作精神和组织能力。

社会实践项目。教师组织学生参加社会实践项目，如社区服务、环保活动等，使学生在实践中感受到班级团结协作的重要性。在实践项目中，学生需要共同解决问题、合理分工、密切配合，从而培养团队合作和解决问题的能力。

班级项目学习。在学科教学中，教师可以设计班级项目学习，使学生在小组中共同研究、探索和解决问题。通过合作完成学习任务，学生可以相互学习、互相补充，增强学习效果，同时促进班级内部的交流和互动。

班级责任岗位。教师可以设立班级责任岗位，让学生担任不同的职责，如班长、纪律委员、文艺委员等。通过担任责任岗位，学生能够学会团队管理和协调，同时增强了对班级的归属感和责任感。

班级协作的实施有助于培养学生的集体荣誉感和责任感，促进班级成员之间的友谊和信任。通过共同参与协作项目，学生能够体验到班级集体的力量和团结一致的效果，进而更加珍惜和维护良好的班级氛围。班级协作不仅有助于促进学生个人能力的发展，还有助于培养学生的团队合作精神和社会责任感，为他们未来的学习和生活奠定坚实的基础。

5. 班级文化的塑造

教师可以鼓励学生参与班级文化的塑造，让学生共同创造班级的特色和文化。例如，可以开展班级口号、班级歌曲的创作，组织班级活动的策划，让学生参与其中，增强对班级的归属感和自豪感。同时，教师可以根据学生的特长和兴趣，组织班级文艺表演，鼓励学生展示自己的才艺和创造力。

班级口号和班级歌曲的创作。教师可以组织学生共同创作班级口号和班级歌曲，这些口号和歌曲可以表达班级的共同目标、信念和价值观，激励学生积极向上。通过参与创作，学生能够体现对班级的归属感，并将这种归属感传递给其他班级成员。

班级活动的策划和组织。教师可以与学生一起策划和组织各种班级活动，如班级文化节、主题活动等。学生可以在活动中发挥创造力，共同营造积极向上的班级氛围。这些活动不仅增进了班级成员之间的交流和友谊，还培养了学生的团队合作和组织能力。

班级文艺表演。教师可以鼓励学生展示自己的才艺，组织班级文艺表演。学生可以在表演中展示自己的音乐、舞蹈、朗诵等才艺，同时感受到班级的支持和鼓励，增强对班级的凝聚力和归属感。

班级荣誉和奖励。教师可以设立班级荣誉和奖励机制，鼓励学生在学习和活动中取得优异成绩。通过班级荣誉和奖励的设立，学生会更加珍视和维护班级文化，增强班级的凝聚力和向心力。

通过以上策略，教师可以有效地营造良好的班风，建立积极向上的学习氛围。班级成员之间的团结合作和良好师生关系将有助于提升学生的学习动力和主动性，促进全体学生的全面发展和成长。良好的班风不仅有利于思想政治教育的实施，还能够促进学生的综合素质提升，为班级成员的未来发展奠定坚实基础。

四、促进家校合作

教师应与家长保持密切的联系，共同关注学生的学习和成长。家长的支持和理解对学生的发展至关重要，家校合作可以共同促进学生的全面发展。

（一）定期家长会

教师应定期组织家长会，与家长面对面交流学生的学习情况和发展情况。在家长会上，教师可以详细介绍学生的学习成绩、学习态度和行为表现，与家长共同探讨学生的优势和问题，并制订相应的学习计划和辅导策略。教师定期组织家长会有助于增进家长对学生学习的了解，促进家长和教师之间的密切合作。

（二）家校通讯

教师应保持与家长的有效沟通，及时将学生的学习情况和班级动态反馈给家长。教师可以通过家校通讯簿、电话、短信或电子邮件等方式与家长进行沟通。家校通讯可以让家长了解学生的学习进度和表现，及时发现问题并进行干预。

（三）家长参与班级活动

教师可以鼓励家长参与班级活动，如家长志愿者服务、班级文化节等。家长的参与不仅可以增强班级的凝聚力和归属感，还能让家长更好地了解班级的教学环境和教育理念，促进家校共同发展。

（四）家长辅导支持

教师可以向家长提供学习辅导的建议和方法，帮助家长更好地支持学生的学习。教师可以介绍学习资源、阅读材料和学习网站，引导家长积极参与学生的学业规划和学习指导。

（五）开展家长培训

教师可以组织家长培训活动，提供家庭教育知识和育儿经验。家长培训有助于家长了解学生成长的心理和生理特点，从而更科学地引导和支持孩子的成长。

学校通过对思想政治教育师资队伍和师生关系进行创新，可以提高教育教学的质量和效果，培养德智体美全面发展的社会主义建设者和接班人。同时，有利于推动教育体制改革和教育现代化进程。

参考文献

[1] 王晴川，刘亚利.三种易于混淆的新媒体理论概说[J].新闻爱好者，2016（1）：70-73.

[2] 何祥林.新时期高校青年教师思想政治教育创新发展[J].中国高等教育，2017（Z1）：51-53.

[3] 刘广澍."融媒体"时代下大学生思想政治教育传播创新发展探析[J].西部素质教育，2017，3（10）：41，43.

[4] 张宏天.媒体融合发展对高校思政教育生态的影响研究[J].传媒，2018（15）：75-78.

[5] 李斌，钱容德.聚焦思想政治教育创新发展激活思想政治工作内生动力——"新时代中国特色社会主义思想政治教育创新发展高端论坛"综述[J].思想理论教育导刊，2019（2）：157-159.

[6] 许慎.全媒体时代思想政治理论课教学方法的综合创新[J].思想理论教育，2019（12）：69-73.

[7] 王宁.融媒体时代高校思政课堂教学方法的创新思考[J].黑龙江生态工程职业学院学报，2019，32（4）：136-137.

[8] 梁庆婷，包娜.全媒体时代思想政治教育话语的困境反思[J].中国矿业大学学报（社会科学版），2019，21（6）：56-64.

[9] 胡守敏.新时代背景下高校"三全育人"研究[J].学校党建与思想教育，2019（14）：68-70.

[10] 何心，张路颖.融媒体时代高校思想政治教育方法创新探索[J].文化创新比较研究，2020，4（17）：138-140.

[11] 李发武.融媒体时代大学生思想引领路径探析[J].广西民族大学学报（哲学社会科学版），2020，42（4）：177-181.

[12] 李宽.融媒体"矩阵"构建实践探究——以高校思想政治教育工作为例[J].记者观察，2020（27）：28-29.

[13] 朱应开."融媒体"时代大学生思想政治教育的困境及路径优化[J].石家庄铁道大学学报（社会科学版），2020，14（4）：98-103.

[14] 张严，李智慧."00后"大学生思想和行为特点与引导策略研究——以全国29所高校调研为例[J].北京教育（高教），2021（1）：66-69.

[15] 甘霖. 做实做强县级融媒体中心 [J]. 时事报告, 2021（1）：18-19.

[16] 王译莹. 融媒体时代传统文化传播的路径创新 [J]. 传媒论坛, 2021, 4（24）：135-136.

[17] 吴雷鸣. 融媒体时代高校思想政治教育工作有效性探究 [J]. 传媒, 2021（14）：84-87.

[18] 冯达伟. 基于融媒体背景下大学生思想政治教育的探究 [J]. 传媒论坛, 2021, 4（23）：164-166.

[19] 李基礼. 思想政治教育环境系统分析的内在超越及限度 [J]. 思想教育研究, 2021（6）：31-35.

[20] 张楠. 基于融媒体矩阵的高职网络思想政治教育路径 [J]. 教育教学论坛, 2021（52）：9-12.

[21] 袁华, 刘德军. 融媒体对高校思想政治教育的挑战及应对 [J]. 石家庄铁道大学学报（社会科学版）, 2021, 15（4）：85-90.

[22] 王闻萱, 张慧. 重大公共卫生事件背景下网络舆情环境的优化 [J]. 中国卫生法制, 2021, 29（1）：115-117.

[23] 李军虎. 融媒体时代高校马克思主义话语传播力的策略探究 [J]. 新闻爱好者, 2022（2）：88-90.

[24] 杜昀. 融媒视阈下高校思政教育工作融合创新研究 [J]. 传媒, 2022（3）：80-82.

[25] 贾晋瑞, 李亮. "师生共同体"的符号学审视 [J]. 现代基础教育研究, 2021, 41（1）：90-93.

[26] 梁群. 大学生思想政治教育方法的理论与实践创新 [J]. 中学政治教学参考, 2021（16）：100-101.

[27] 韩震. 如何贯彻落实好《习近平新时代中国特色社会主义思想进课程教材指南》的要求 [J]. 中小学教材教学, 2021（10）：4-10.

[28] 薛朋. 智媒时代学生自我教育的特点、挑战与应对 [J]. 现代基础教育研究, 2021（4）：125-129.

[29] 李洁, 廖小琴. 智媒时代思想政治教育话语发展的审视 [J]. 思想教育研究, 2021（7）：51-57.

[30] 洪涛, 赵小文. "学习强国"：高校立德树人的新阵地 [J]. 中学政治教学参考, 2021（19）：11-12.

[31] 王海桥, 张颖聪. 试析网络时代思想政治教育方式的创新 [J]. 学校党建与思想教育, 2021（23）：77-79.

[32] 李博涵. 新媒体时代高职院校思政教育载体创新研究 [J]. 中学政治教学参考, 2021（24）：110.

[33] 李辉, 王艳. 高校思想政治教育活动载体的现实审视 [J]. 吉首大学学报（社会科

学版），2020（6）：18-24.

[34] 褚辉，高向辉，曲洪波，等.习近平关于"时代新人"培养问题论述的三重逻辑解析[J].现代教育管理，2020（11）：21-28.

[35] 李亮，王凯.思想政治教育过程构成若干要素的符号学分析[J].思想教育研究，2020（9）：37-40.

[36] 陈志超.新时代大学生自我教育的理论溯源、现实意义与路径选择[J].思想教育研究，2020（7）：156-159.

[37] 龙柏林，梁桂云.当代中国意识形态符号生态的构成分析[J].井冈山大学学报（社会科学版），2019（3）：42-48.

[38] 龙柏林，梁桂云.符号话语权：意识形态话语权的新视点[J].广西社会科学，2018（4）：20-25.

[39] 蔡连玉.贫困本科生的自我结构与符号自我构建[J].高等教育研究，2018（3）：64-69.

[40] 冯留建，刘国瑞.新时代高校思想政治教育内容创新研究[J].学校党建与思想教育，2018（14）：4-8.

[41] 陆岩，邱梅.自我教育在大学生思想政治教育中的作用研究[J].黑龙江高教研究，2016（3）：116-119.

[42] 中共中央、国务院印发《关于加强和改进新形势下高校思想政治工作的意见》[N].《人民日报》，2017-02-28（1）.

[43] 关于支持和发展志愿服务组织的意见[N].《人民日报》，2016-07-12（15）.

[44] 郭超，王习胜.大数据时代思想政治教育决策科学化论析[J].广西社会科学，2017，270（12）：191-196.